リスクマネジメント

柳瀬典由／石坂元一／山﨑尚志［著］

ベーシック＋
Basic Plus

中央経済社

はじめに

▶本書の目的

　多発するテロや自然災害など，企業や個人が直面するリスクがより多様化，高度化，複雑化するなか，リスクマネジメントに対する社会的な関心はますます高まっています。たとえば，企業がリスクへの取り組みを大きく誤ってしまうと，最悪の場合，その存続そのものを揺るがしかねません。他方，リスクを避けているばかりでは，企業価値は高まりません。自由競争を旨とする市場経済においては，リスクをとることによってはじめて利潤を得ることができるからです。こうしたなか，企業のみならず個人も主体的にリスクに対応していくことが求められています。

　本書はリスクマネジメントの入門書です。リスクマネジメントと名の付く書物を手に取ってみると，その内容はさまざまです。法律的・制度的な側面を強調するものもあれば，数理的な観点から詳しく書かれたもの，あるいは，著者の経験談をまとめたハウツー本など，実に多様です。

　これに対し，本書は，「なぜ，個人や企業はリスクマネジメントを行おうと思うのか？」という，いわば，リスクマネジメントのWhy?の問題を扱います。具体的には，確率論や経済学，ファイナンス理論をベースに，個人や企業のリスクマネジメントに関する意思決定の問題を理論的に理解することが，本書の目的です。

▶本書の使い方

　ベーシック＋（プラス）の発想のもと，応用を強く意識した「基本」を重視しました。そのため，本書では，「自分で考えることの真の意味」がわかるように，類書にない新しいアプローチを採用しています。ほぼすべての章

に，Ex.（例題）とR to A（解答と解説）を設けることで，単なる暗記学習ではなく，自分の頭でしっかりと概念を理解できるように工夫しました。R to Aは，例題の解説のみにとどまらず，各章の内容を消化するための考え方と知識を皆さんに提供するものです。具体的な例題を1つ1つ，自分の手を動かして解くことを通して，各章の論点を確実に押さえてもらいたいと思います。

なお，リスクマネジメントを学ぶうえで，確率論や経済学，ファイナンス理論の最小限の知識は必要ですが，初学者が本書のみで完結できるように工夫しました。入門的な知識については，多くの紙面を割いて丁寧に解説しましたので，読者の知識レベルに応じて，該当章を活用してもらえれば幸いです。

最近は，受講生自身が主体的に学ぶことが重要視されています。本書では，各章の始まりにLearning PointsとKey Wordsを置き，その章で学ぶべきポイントを明示しています。さらに，章末には，Working（調べてみよう），Discussion（議論しよう），Training（解いてみよう）のコーナーを用意しています。特に，本書が「手を動かして，しっかり理解する」という点に力点を置いているため，Training（解いてみよう）を充実させました。

▶本書の全体像

本書の全体像は**図表0-1**に要約しています。**第1章**では，リスクマネジメントの全体像を説明します。そのうえで，第2章から第5章までは，リスクマネジメントと保険・デリバティブの基礎知識を学習します（第Ⅰ部）。**第2章**ではリスクマネジメントの考え方を理解するための準備として，確率変数と確率分布，期待値，分散や標準偏差，共分散や相関係数といった確率論の重要概念について，計算問題を通じて学びます。

第3章ではリスクマネジメントの伝統的手法である保険について，プーリングによるリスク分散効果などを中心に，その原理を理解します。**第4章**では，個人の保険購入行動について，人々のリスク回避性という概念を手掛か

りに，経済学における期待効用仮説をベースに考えます。また，保険市場の機能を制約する重要な問題—逆選択とモラルハザード—について，経済学の観点から学びます。**第5章**では，保険とならび，リスクマネジメントの手法として特に重要なデリバティブについて，その特徴と基本的な仕組みを理解するとともに，キャプティブ，保険デリバティブ，カタストロフィ・ボンドの概要を学習します。

本書の最も重要な特徴は，リスクマネジメントと企業価値との関係について，ファイナンス理論をベースに理解することにあります。しかしながら，本書の読者のなかには，必ずしもファイナンス理論を学んだことがない人もいるでしょう。そこで，第6章から第8章までは，ファイナンス理論の基礎知識を，リスクマネジメントとの関連性を意識しつつ解説します（第Ⅱ部）。具体的には，**第6章**で現代ポートフォリオ理論（MPT）と資本資産価格モデル（$CAPM$）について，**第7章**で資本構成について，最後に**第8章**で企業価値と企業の投資決定の問題を学習します。

第Ⅱ部で学んだファイナンス理論の基礎知識をふまえて，第9章から第15章までは，企業価値最大化の観点から，なぜ企業がリスクマネジメントを行うのかという問題について考えます（第Ⅲ部）。はじめに，リスクマネジメントと企業価値の関係について，システマティック・リスクとアンシステマティック・リスクの基礎概念を用いて説明します（**第9章**）。

第10章から第12章までは，債権者と株主のエージェンシー問題の観点から，企業のリスクマネジメントについて考えます。**第10章**では倒産コスト，**第11章**では資産代替，**第12章**では過少投資の観点から，なぜ企業がリスクマネジメントを行うのかという問題を検討します。また，現実の企業活動において，税制は無視できません。そこで，**第13章**では税便益とリスクマネジメントの関係について学びます。**第14章**では，株主と経営者のエージェンシー問題を検討します。具体的には，報酬制度の設計の論点を通じて，経営者のリスク回避性がリスクマネジメントに与える影響について学習します。

第9章から第14章で取り扱った例題では，数値例としての簡単化の観点から，企業が直面するリスクを個別に扱っています。しかしながら，現実に

は，企業はさまざまなリスクに同時に直面しながら事業活動を展開しています。また，近年では，保険手配は総務部門，財務リスクは財務部門といった個別管理の発想から，全社的リスクマネジメント（ERM）への転換が志向されつつあります。全社的な観点からリスクを統合的に管理することで，必要資本の節約を進めようというのです。そこで，第15章ではERMの効果について簡単な数値例を通して学習します。

▶さいごに

本書の執筆にあたっては，特に，公益財団法人損害保険事業総合研究所主催の「ERM経営研究会」のメンバーの皆さんから多くの有益な示唆をいただきました。また，同研究所の遠藤寛前理事長，佐野清明理事長には，研究会の立ち上げから企画，運営面で多大なご支援をいただきました。

浅見学氏（東京海上日動あんしん生命），石井昌宏先生（上智大学），伊藤晴祥先生（国際大学），岩見弘一郎氏（MS&ADホールディングス），柴田健氏（三井住友海上），関大輔氏（東京海上ホールディングス），松本正孝氏（SOMPOホールディングス），安田健造氏（損害保険ジャパン日本興亜），および，研究会事務局の松下泰氏（損害保険事業総合研究所）の皆さん（以上，研究会メンバー）には，多忙な業務の合間を縫って本書の執筆を支えていただきました。

2015年9月以降14回にわたる研究会と，2017年春に鹿児島で実施した1泊2日の合宿では，非常に濃厚なひとときを過ごしました。この思い出は著者たちにとって一生の財産です。最後に，中央経済社の納見伸之氏には，新しいスタイルの教科書の出版を快く受け入れていただきました。この場を借りて心から感謝の意を表したいと思います。

2018年1月

著者を代表して

柳瀬　典由

図表 0-1 ▶▶▶本書の全体像

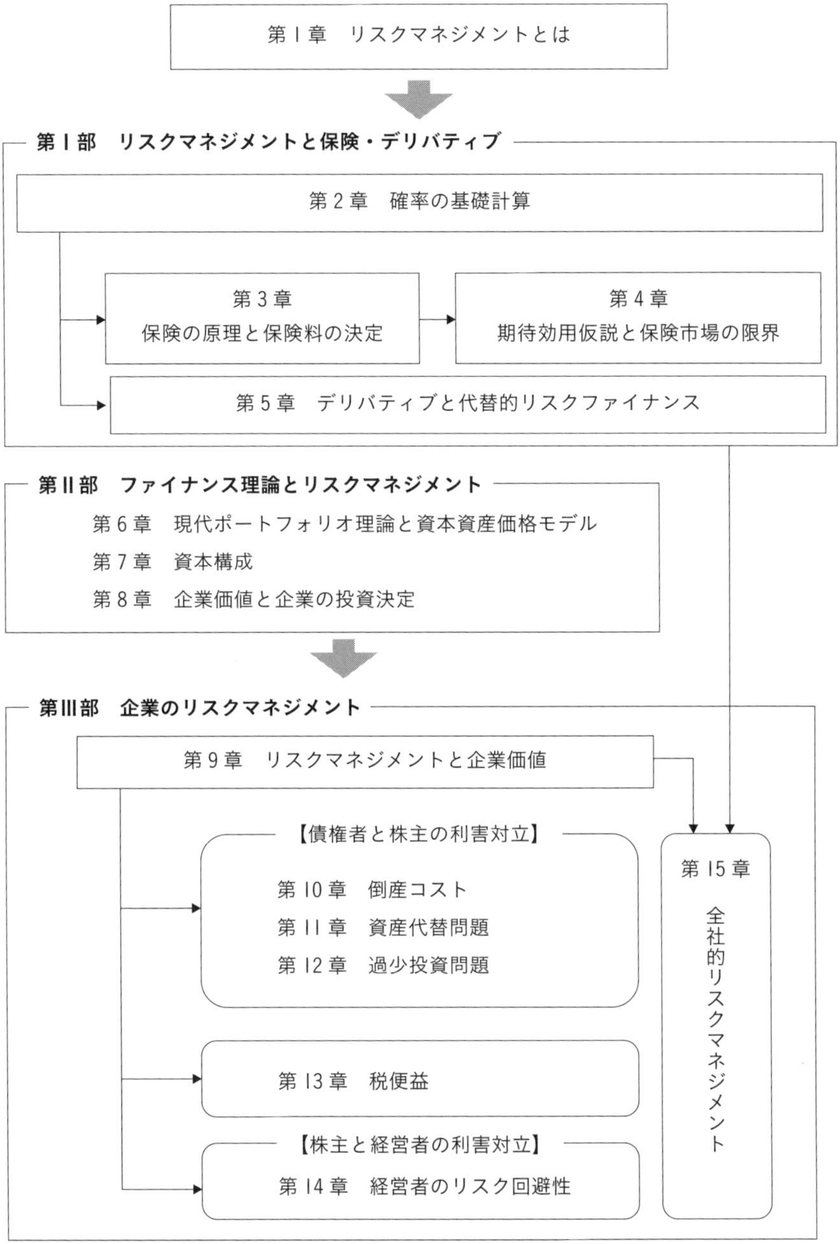

```
第1章 リスクマネジメントとは
```

第Ⅰ部 リスクマネジメントと保険・デリバティブ
- 第2章 確率の基礎計算
- 第3章 保険の原理と保険料の決定
- 第4章 期待効用仮説と保険市場の限界
- 第5章 デリバティブと代替的リスクファイナンス

第Ⅱ部 ファイナンス理論とリスクマネジメント
- 第6章 現代ポートフォリオ理論と資本資産価格モデル
- 第7章 資本構成
- 第8章 企業価値と企業の投資決定

第Ⅲ部 企業のリスクマネジメント
- 第9章 リスクマネジメントと企業価値

【債権者と株主の利害対立】
- 第10章 倒産コスト
- 第11章 資産代替問題
- 第12章 過少投資問題

- 第13章 税便益

【株主と経営者の利害対立】
- 第14章 経営者のリスク回避性

第15章 全社的リスクマネジメント

▶▶▶目次

はじめに ……………………………………………………………………001

第1章 リスクマネジメントとは ……………………………013

1. リスクマネジメントを学ぶ意義―この章で学ぶこと― …………013
2. リスクの意味と種類 …………………………………………………014
3. 企業が直面する主なリスク …………………………………………015
4. 直接損失と間接損失 …………………………………………………016
5. リスクマネジメントの意思決定プロセス …………………………016
6. リスクマネジメントの手法 …………………………………………018
7. 保険とデリバティブの接近 …………………………………………022
8. リスクマネジメントと企業価値 ……………………………………022
9. 全社的リスクマネジメントへの展開
   ―この章のまとめと発展課題― ……………………………………023

第I部 リスクマネジメントと保険・デリバティブ

第2章 確率の基礎計算 ………………………………………028

1. 確率計算の必要性―この章で学ぶこと― …………………………028
2. 期待値 …………………………………………………………………030
3. 分散と標準偏差 ………………………………………………………033
4. 同時確率分布と周辺確率分布 ………………………………………037
5. 共分散と相関係数 ……………………………………………………041
6. 確率計算の修得を目指して―この章のまとめと発展課題― ……046

第3章 保険の原理と保険料の決定 ……048

- 1 / 保険契約と保険料の構成—この章で学ぶこと— ……048
- 2 / 損失の期待値と標準偏差 ……050
- 3 / リスクプーリングⅠ—独立の場合— ……052
- 4 / リスクプーリングⅡ—正の相関がある場合— ……058
- 5 / プーリングからみた保険会社の役割
  —この章のまとめと発展課題— ……061

第4章 期待効用仮説と保険市場の限界 ……064

- 1 / リスクと保険の経済学—この章で学ぶこと— ……064
- 2 / 不確実性下の意思決定基準 ……065
- 3 / 期待効用と効用関数 ……067
- 4 / 個人のリスク回避性と保険 ……068
- 5 / 確実性等価とリスクプレミアム ……071
- 6 / 情報の非対称性 ……073
- 7 / 逆選択 ……074
- 8 / モラルハザード ……077
- 9 / 期待効用仮説に対する反証と行動経済学
  —この章のまとめと発展課題— ……079

第5章 デリバティブと代替的リスクファイナンス ……081

- 1 / デリバティブによるリスクヘッジ—この章で学ぶこと— ……081
- 2 / デリバティブ ……082
- 3 / 先渡し,先物による価格リスクのヘッジ ……084
- 4 / オプションによる価格リスクのヘッジ ……088

- **5** オプション価格の評価 ……… 090
- **6** 代替的リスクファイナンス ……… 093
- **7** 多様化するリスクファイナンス―この章のまとめと発展課題― 097

第 II 部 ファイナンス理論とリスクマネジメント

第 6 章 現代ポートフォリオ理論と資本資産価格モデル ……… 100

- **1** 企業価値最大化とリスクマネジメント―この章で学ぶこと― ……… 100
- **2** 現代ポートフォリオ理論 ……… 103
  - 2.1 分散投資によるリスク低減効果 103
  - 2.2 効率的フロンティアと分離定理 111
- **3** 資本資産価格モデル ……… 114
  - 3.1 マーケット・ポートフォリオ 114
  - 3.2 資本市場線と証券市場線 117
  - 3.3 システマティック・リスクとアンシステマティック・リスク 119
- **4** CAPMとリスクマネジメント―この章のまとめと発展課題― 121

第 7 章 資本構成 ……… 123

- **1** コーポレートファイナンスと資本構成の問題
  ―この章で学ぶこと― ……… 123
- **2** MMの無関連性命題 ……… 126
- **3** 負債のレバレッジ効果 ……… 129
- **4** 事業リスクと財務リスク ……… 132
- **5** 節税効果 ……… 134
- **6** 資本構成と企業価値の関係―この章のまとめと発展課題― 137

第8章 企業価値と企業の投資決定 ……… 140

1. 企業価値の評価—この章で学ぶこと— ……… 140
2. 貨幣の時間的価値 ……… 141
3. 割引キャッシュフロー法 ……… 143
4. 正味現在価値（NPV） ……… 146
5. DCF 法と NPV—この章のまとめと発展課題— ……… 148

第III部 企業のリスクマネジメント

第9章 リスクマネジメントと企業価値 ……… 152

1. リスクマネジメントとファイナンス理論—この章で学ぶこと— ……… 152
2. 資本コストの意味 ……… 153
3. 保険購入と企業価値 ……… 156
4. デリバティブと企業価値 ……… 161
5. リスクマネジメントのコストと企業価値 ……… 163
6. リスクマネジメントと企業価値の関係
   —この章のまとめと発展課題— ……… 165

第10章 倒産コストとリスクマネジメント ……… 169

1. リスクマネジメントと期待キャッシュフロー
   —この章で学ぶこと— ……… 169
2. 債権者と株主のエージェンシー問題 ……… 170
3. 企業の倒産コスト ……… 171

4	債権者が株主の行動を予測しないケース	172
5	債権者が株主の行動を予測するケース	176
6	レバレッジ戦略によるエージェンシー問題への対応	179
7	倒産コストとリスクマネジメントの意思決定	
	―この章のまとめと発展課題―	183

第11章 資産代替問題とリスクマネジメント 185

1	株主の有限責任性と資産代替問題―この章で学ぶこと―	185
2	資産代替問題とは何か	187
3	保険購入戦略による資産代替問題の軽減	191
4	レバレッジ戦略による資産代替問題の軽減	193
5	資産代替問題とリスクマネジメントの意思決定	
	―この章のまとめと発展課題―	195

第12章 過少投資問題とリスクマネジメント 197

1	債権者・株主間の利害対立と過少投資問題	
	―この章で学ぶこと―	197
2	過少投資問題	198
	2.1 債権者と株主の行動を予測しないケース 198	
	2.2 債権者が株主の行動を予測するケース 201	
3	リスクマネジメントと過少投資問題の緩和	203
4	過少投資問題とリスクマネジメントの意思決定	
	―この章のまとめと発展課題―	205

第13章 税便益とリスクマネジメント ……… 208

1. 課税構造の非線形性―この章で学ぶこと― ……… 208
2. 利益が十分にある場合 ……… 210
3. 利益が十分にない場合 ……… 212
4. 税便益とリスクマネジメントのコスト ……… 216
5. 税便益とリスクマネジメントの意思決定
   ―この章のまとめと発展課題― ……… 217

第14章 経営者のリスク回避性とリスクマネジメント ……… 219

1. 株主と経営者の利害対立―この章で学ぶこと― ……… 219
2. 経営者の報酬制度の選択 ……… 221
3. 経営者の努力を考慮した場合 ……… 224
4. 業績連動報酬の対価 ……… 227
5. リスクマネジメントによる業績連動報酬への影響 ……… 229
6. ストック・オプションのケース ……… 231
7. 報酬制度とリスクマネジメントの意思決定
   ―この章のまとめと発展課題― ……… 235

第15章 全社的リスクマネジメント（ERM） ……… 238

1. 全社的リスクマネジメント（ERM）の必要性
   ―この章で学ぶこと― ……… 238
2. 企業全体のリスク計測 ……… 239
3. 個別型リスクマネジメント ……… 242
4. 全社的リスクマネジメントの実施 ……… 245

| **5** | 全社的リスクマネジメントの意思決定
―この章のまとめと発展課題― | 248 |

さらに学びたい人のために ……………………………………………………… 250
索　　引 ……………………………………………………………………… 253

第1章 リスクマネジメントとは

Learning Points
- ▶リスクの意味とその基本的な分類について理解します。
- ▶直接損失と間接損失という2つの考え方があることを学習します。
- ▶リスクマネジメントの意思決定プロセスとその手法について理解します。

Key Words

純粋リスク　投機的リスク　価格リスク　信用リスク　直接損失　間接損失　リスクコントロール　リスクファイナンス

1 リスクマネジメントを学ぶ意義
この章で学ぶこと

　リスクマネジメント（Risk Management）とは，リスクを適切に管理することによって，個人の効用や企業価値を高めることを目的とする意思決定のプロセスです。とりわけ，企業のリスクマネジメントに対する社会的な関心は近年ますます高まりつつあります。リスクへの取り組みを大きく誤ってしまうと，最悪の場合，企業の存続そのものを揺るがしかねません。その一方で，リスクを避けているばかりでは，企業価値は高まりません。自由競争を旨とする市場経済においては，企業はリスクをとることによってはじめて利潤を得ることができるからです。

　わが国では，長らく，多くの産業で各種の業界保護規制が存在し，自由な競争は制限されてきました。他方，メインバンクを中核とする企業系列や株式持ち合いによって，個々の企業がグループ全体として長期安定的な成長を遂げるべく，組織的な取引関係が形成されてきました。このような制度や慣行の存在は，個々の企業を取り巻くリスクを軽減するための一種のセーフティーネットとして，重要な役割を果たしてきたといえます。

ところが，規制緩和や国際化の進展，金融技術や情報技術の発展などを背景に，このようなセーフティーネットの機能が低下しています。他方で，テロや自然災害，情報セキュリティや風評被害の問題など，企業が直面するリスクはより多様化,高度化，複雑化する傾向にあります。かつてのようなセーフティーネットに頼ることができない社会では，企業のみならず個人も主体的にリスクに対応していくことが求められるでしょう。すなわち，リスクマネジメントという考え方がクローズアップされるのです。

　本書の目的は，確率論や経済学，ファイナンス理論をベースとして，リスクマネジメントという考え方について理解を深めることにあります。そこで，この章では，リスクマネジメントの全体像を紹介することからはじめたいと思います。

2　リスクの意味と種類

　リスクとは，結果が不確実な状況を意味しますが，より具体的には，期待値まわりの変動性（結果のばらつきの程度），あるいは,損失の期待値,といった複数の意味で用いられることがあります。期待値については第2章で詳しく学びますが，ここではひとまず，不確実な状況のもとでの平均と理解しておけばよいでしょう。また，リスクの種類にはさまざまなものがありますが，純粋リスクと投機的リスクという分類にもとづいて簡単に説明します（**図表1-1**）。

　純粋リスクとは，損失の可能性のみを考慮したリスクであり，具体的には，火災や地震などで財産を喪失したり，損害賠償請求によって賠償金の支払いが生じたりするというような状況を指します。これに対し，損失の可能性だけでなく利益の可能性も考慮したリスクは，**投機的リスク**と呼ばれ，たとえば，為替変動などの経済的要因によって，海外取引を行う企業が損失を被ったり利益を得たりするような状況を指します。なお，伝統的に，純粋リスクは保険でカバーされるものが多く，投機的リスクは保険でカバーされないも

図表 1 - 1 ▶▶▶ リスクの分類

	純粋リスク	投機的リスク
特徴	損失の可能性のみを考慮したリスク	損失の可能性だけでなく利益の可能性も考慮したリスク
リスク顕在化の例	●工場火災による損失 ●賠償責任による損失	●為替変動による損益 ●金利変動による損益
対処	一般に保険でカバーされる。	一般に保険でカバーされない。

のが多いといわれています。

3 企業が直面する主なリスク

　企業が直面する主なリスクには，価格リスクや信用リスクがあります。**価格リスク（市場リスク）** とは，価格の変動によって生じるリスクのことをいいます。たとえば，石油輸入会社にとっての石油価格の変動や，家電メーカーにとっての家電価格の変動は価格リスクです。なお，価格リスクは，商品価格リスク，為替リスク，金利リスクの3つに分類できます。**商品価格リスク** とは，石油価格や家電価格など，財・サービスそのものの価格が変動するリスクです。また，**為替リスク** とは，為替レートの変動によって引き起こされるリスクです。たとえば，日本のある自動車メーカーが，米国で1台1万ドルの自動車を販売したとしましょう。仮に，為替レートが，1ドル120円のとき，このメーカーの売上は120万円（＝120円×1万ドル）ですが，円高が進み1ドル80円になると，売上は80万円（＝80円×1万ドル）にまで下落してしまいます。逆に，1ドル150円まで円安が進むと，売上は150万円（＝150円×1万ドル）にまで上昇します。このように，財・サービス自体には商品価格リスクが存在しない場合であっても，為替レートの変動がある限り，キャッシュフロー（お金の流れ）に大きな影響を及ぼしてしまうのです。最後に，**金利リスク** とは，金利の変化によって生じるリスクのことをいいます。

　信用リスク とは，売買の成立後，売買相手方の破綻などにより相手方が予定通り決済を行わず，損失を被ってしまうリスクのことを指します。具体的

には，企業が売掛金や貸付金といった債権を回収することができないリスクです。

4 直接損失と間接損失

リスクが顕在化したときの損失には，直接損失と間接損失があります。**直接損失**とは，1つの事故等から直接生じる損失です。**間接損失**とは，直接損失が生じた結果，間接的に発生する損失です。たとえば，工場火災が発生すると，工場そのものの損傷や在庫品の焼失といった直接損失に加えて，工場が復旧するまでの営業損失（事業中断による損失）といった間接損失が生じます。さらに，工場火災による操業停止等によって，企業が得意先に供給義務を果たせない状態が長引くと，顧客からの信頼の喪失や賠償責任の発生などにつながります。これらも間接損失といえます。

特に，事業中断による損失への備えとして，事業継続計画への関心が高まっています。**事業継続計画**（Business Continuity Plan：**BCP**）とは，企業が自然災害等の緊急事態に直面した際に，中核事業の継続あるいは早期復旧を目的として，平常時の活動や緊急時にとるべき手続き等をあらかじめ取り決めておく一連の計画のことをいいます。

5 リスクマネジメントの意思決定プロセス

リスクマネジメントは，①リスクの認識，②リスクの分析・評価，③リスクマネジメント手法の選択，④選択された手法の実行，⑤実行結果のモニタリングとフィードバック，といった一連のプロセスから構成されます（**図表1-2**）。

第1段階のリスクの認識はとても重要です。というのも，リスクが認識されなければ，リスクマネジメントが始まらないからです。リスクの認識は，

図表 1 - 2 ▶▶▶ リスクマネジメントの意思決定プロセス

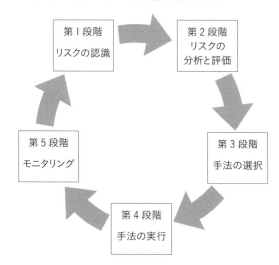

企業の財務データなどを活用するアプローチだけでなく，企業の各部門の担当者などへのインタビューを活用するアプローチも有効です。

　第2段階は，認識されたリスクの定量化等を通じてリスクの分析と評価を行う段階です。金融工学の発展はこの段階の高度化にとって重要な役割を果たしています。たとえば，リスク定量化の代表的な方法として，**バリュー・アット・リスク**（Value at Risk：**VaR**）というものがありますが，これは，一定期間後にある水準で被る可能性のある損失の最大額を求めようとする考え方です。また，認識されたリスクの全体像を把握するための方法として，**リスク・マップ**があります（図表1-3）。この方法は，損失発生の頻度と強度（大きさ）を軸としてマッピングすることで，リスクを分類，整理し，第3段階のリスクマネジメント手法の選択にとって有用な情報を提供します。

　リスクが認識され，分析・評価された後は，第3段階のリスクマネジメント手法の選択が行われ，選択された手法が実行されます（第4段階）。なお，リスクマネジメントの手法については，この後の第6節で詳しく学びます。最後に，その結果をモニタリングし，その内容をフィードバックすることで（第5段階），リスクマネジメントの意思決定プロセスは一巡します。

図表1-3 ▶▶▶ リスク・マップの例

　もちろん，こうした意思決定プロセスが実効性をもつためには，それを支える組織体制が整備されている必要があります。リスクが部門ごと，業務ごとに管理されている状態では，リスクの認識もまちまちであり，対応する社内用語も共通化されていないことが多いでしょう。そこで，全社的な観点からリスクマネジメントを実施するためには，組織横断的なコミュニケーションが不可欠となります。近年では，**リスクマネジャー**という専門職の設置やリスク管理担当役員，**最高リスク管理責任者**（Chief Risk Officer：**CRO**）を中心にした組織編成も見受けられます。

6　リスクマネジメントの手法

　リスクマネジメントの手法は，リスクコントロールとリスクファイナンスに分類されます（図表1-4）。**リスクコントロール**とは，発生するであろう損失の頻度や予想される損失の強度（大きさ）そのものを軽減し，損失の期待値を低減する手法の総称です。リスクコントロールは，一般に，損失予防と損失低減の2つに分類されます。**損失予防**とは，発生するであろう損失の頻度を減少させるような行動のことをいい，**損失低減**とは，発生するであ

図表1-4 ▶▶▶リスクマネジメントの手法

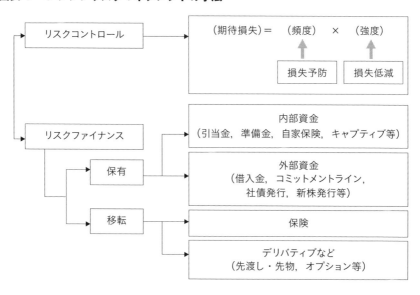

ろう損失の強度（大きさ）を減少させるような行動のことを指します。

　損失予防の例としては，長距離バスの事故を考えてみるとわかりやすいでしょう。事故の発生によって，バス会社は多額の損害賠償請求に加えて，企業イメージの大幅な低下による見込み顧客の減少に直面します。そこで，車両の定期検査や運転手の訓練時間などにコストをかけることによって，事故の発生頻度を減少させることが考えられます。他方，損失低減の例としては，ホテル会社の火災対策を考えてみるとよいでしょう。火災損失を軽減するべく，ホテル会社はスプリンクラー設備を充実させたり，耐熱素材を利用したりすることで，火災発生時の損失の拡大を抑えることができます。

　このような，リスクを含む活動を一定水準に保ちつつ，さまざまな対策を講じることで損失の期待値を小さくするようなリスクコントロールに加えて，リスクを含む活動そのものを制限する場合もあります。たとえば，バス会社の事故を例にとれば，利益を犠牲にしてでも，1日当たりの運行時間の制限を社内規定で整備することが考えられます。また，極端な場合には，リスクを含む活動を完全に停止することも考えられます。これをリスクの**回避**とい

います。たとえば，海外現地生産を行っている企業を考えてみましょう。仮に，その国で深刻な伝染病が流行し，現地工場の操業に重大な影響を及ぼすとき，最悪の場合，この企業は現地生産からの撤退も検討するでしょう。この場合のコストは，事業継続によって獲得できたであろう利益，つまり逸失利益などを意味します。

　他方，**リスクファイナンス**とは，発生した損失を埋め合わせるために資金を入手する手法の総称です。すべてのリスクを完全に制御することが不可能だとすれば，リスクファイナンスの問題は必ず生じてきます。一般に，個人がリスクを処理する場合には，保険に頼ることが多いのですが，企業，特に大企業の場合は，保険以外にも多様なリスクファイナンスの手段が存在します。なお，リスクコントロールが損失の期待値そのものを小さくするなど，リスクの性質を変化させる手法であるのに対して，リスクファイナンスは誰がリスクを最終的に負担するのかという問題を扱います。ここに両者の本質的な違いがあります。

　一般に，リスクファイナンスは（リスクの）保有と移転に分類されます。（リスクの）**保有**とは，損失の一部または全部の支払いについて，個人や企業が自ら責任を持ち続けることをいいます。したがって，保有のための原資は，企業が生み出すキャッシュフローを社内に蓄積（例：準備金，引当金）しておく場合と，事後的に損失を回復するために外部から資金調達を行う場合（例：銀行からの借入れ，社債の発行，新株発行）の2つのパターンがあります。

　たとえば，運送会社にとって，ガソリン価格の上昇は，負担すべきコストを増加させ，会社の利益を圧迫し，場合によっては損失をもたらします。そこで，あらかじめ，会社内部でお金をプールし，そうした損失に備えます。これを**自家保険**といいます。また，自家保険をさらに発展させたものとして，キャプティブがあります。**キャプティブ**とは，もともと，「捕虜・とりこ・親会社に支配された」という意味ですが，リスクマネジメントの分野では，自社または関連グループのリスクを専門的に引き受けるために，バミューダやケイマンのような**租税回避地**（**タックスヘイブン**）に設立される専属保険

子会社のことをいいます。なお，キャプティブについては第5章で詳しく説明します。

　ところで，保有には，銀行からの借入れなど，事後的に損失を回復するための外部からの資金調達も含まれます。しかしながら，損失発生後に新たに外部からの資金調達をする場合，その資金調達のためのコストは通常，かなり高くつきます。たとえば，大規模な工場火災に見舞われたある企業が，その復旧のために銀行から追加融資を受けることを考えているとしましょう。そのような場合，貸出先企業の信用リスクが高まっているわけですから，銀行は従来どおりの条件（例：金利）での融資をためらうでしょう。場合によっては，追加融資を断られてしまう懸念さえあります。

　そこで，こうした問題に事前に対処する手段として，コミットメントラインと呼ばれる契約が登場してきました。**コミットメントライン**とは，銀行と企業があらかじめ設定した期間，融資枠の範囲内で，企業の請求に基づいて，銀行が融資を実行する約束を事前に取り交わす契約です。これにより，契約期間中であれば，企業は融資枠内であれば，いつでも審査なしで融資を受けることができるので，先ほどの工場火災の復旧資金の調達も比較的容易に進めることができます。これもまた，リスクファイナンスの一つの手段と位置づけることができます。

　他方，（リスクの）**移転**とは，企業が保険やデリバティブ等の手段を活用して，リスクを保険会社や資本市場の投資家などの第三者に移転することをいいます。保険はその代表例です。もちろん，保険を付けることが不可能である場合のみならず，保険を付けることが可能であっても，費用対効果の観点からより優れた手法がある場合には，保険以外の移転の方法が検討されます。なかでも代表的なものがデリバティブです。**デリバティブ**とは，農作物や商品，債券，株式，通貨，金利など，取引の対象になる資産（**原資産**）の価値に依存して，その価格が決定される契約のことをいいます。主なデリバティブには，**先渡しや先物**，**オプション**などがあります。なお，保険については第3章と第4章で，デリバティブについては第5章で詳しく学習します。

7 保険とデリバティブの接近

ここでは、リスクファイナンスの主要な手法である保険とデリバティブについて、それぞれの手法が伝統的に得意としてきたリスクについて整理するとともに、両手法の接近について説明します。

伝統的に、純粋リスクに対しては保険が利用されてきました。海難事故や火災、自動車事故などへの対応として、海上保険や火災保険、自動車保険が誕生してきました。また、19世紀半ばの欧州の社会不安と信用リスクの増大が、信用保険会社の設立のきっかけとなったことなどを考えると、信用リスクについても、保険が重要な役割を果たしてきたことがわかります。その一方、価格リスクに対しては、主に、デリバティブが利用されてきました。

ところが、近年、天候など、純粋リスクにかかわる対応として、天候デリバティブなどの新たなリスク移転手法が登場しています。これは、**代替的リスクファイナンス**と呼ばれることがあります。また、信用リスクについても、**クレジット・デリバティブ**と呼ばれる取引が拡大しています。たとえば、対象となる債権について、その債務不履行が生じた場合に、当該損失額に相当する金額を受け取る権利を、あらかじめ一定の対価の支払いと交換するような取引が金融市場で行われています。この取引は、**クレジット・デフォルト・スワップ**（Credit Default Swap：**CDS**）と呼ばれており、いわば、債務不履行を保険事故とする保険のようなものです。

8 リスクマネジメントと企業価値

本書の最も重要な特徴は、リスクマネジメントと企業価値との関係について、ファイナンス理論をベースに理解することにあります。この点は第Ⅲ部で丁寧に学習しますが、ここではその概要について簡単に説明したいと思います。

ファイナンス理論では，企業価値は，企業が株主と債権者全体に対して生み出すキャッシュフローの現在価値と定義されます。具体的には，以下の式で示されるように，企業にもたらされる将来の正味キャッシュフローの期待値を適切な割引率で割り引くことによって算定されます。なお，正味キャッシュフローとは，キャッシュインフロー（企業に入ってきた金額）からキャッシュアウトフロー（企業から出ていった金額）を引いた値です。

$$V = \sum_{t=1}^{\infty} \frac{\mathrm{E}(NCF_t)}{(1+r)^t}$$

- V　　　：企業価値
- $\mathrm{E}(NCF_t)$：t期にもたらされる正味キャッシュフローの期待値
- r　　　：割引率

ここで，適切な割引率とは，投資家が見積もる企業のリスク水準を反映したものです。第9章で詳しく学習しますが，ある条件のもとでは，リスクマネジメントの意思決定は割引率に影響を与えません。したがって，企業価値の評価式によれば，分母の割引率が一定であれば，分子の将来キャッシュフローが大きくなればなるほど，企業価値が増大するということがわかります。リスクマネジメントによって将来キャッシュフローの期待値が最大化されれば，企業価値は最大化されるのです。

9　全社的リスクマネジメントへの展開
この章のまとめと発展課題

リスクマネジメントは，20世紀以降，米国企業を中心に発展してきました。1920年代末の大恐慌を生き延びた企業の一部が，当時，相当の金額に達していた保険料支出を，コストと便益の比較という観点から合理的に見直そうとする動きを活発化させたのです。ここに，企業の保険管理の時代が本格的に到来しました。

第2次世界大戦後になると，企業の大規模化や経営の複雑化・高度化が急速に進展し，伝統的（個別的）な保険管理には限界が生じるようになりました。こうしたなか，損失の頻度や強度（大きさ）の制御を目的としたリスクコントロールという考え方が導入されるとともに，1970年代に入ると，企業は，為替リスクをはじめとする，さまざまな資産価格変動のリスクへの対応を迫られるようになりました。そして，この時期，デリバティブを用いたリスクヘッジ戦略が登場し，のちにノーベル経済学賞を受賞することになるショールズ，マートンといった研究者らによって，金融工学の理論的基礎が形成されました。

　1980年代には，保険の入手や購買が著しく制限される保険危機が生じました。この時期すでに，デリバティブ取引をはじめとするさまざまなリスク移転手段が次々と登場しつつありました。こうしたなか，従来の保険が対象としてきたリスクの範囲を超えて，リスクマネジメントの再定義をめぐる議論が活発化しました。

　1990年代に入ると，カリフォルニア州オレンジ郡，ベアリングス証券などで相次いで発生したデリバティブ取引による巨額損失事件に社会の関心が集まりました。こうしたなか，全社的な観点から統合的にリスクを管理するという考え方が注目を浴びるようになりました。こうした動きは，のちに**全社的リスクマネジメント**（Enterprise Risk Management：**ERM**）と呼ばれる考え方に集約されることになります。保険手配は総務部門，法務リスクは法務部門，財務リスクは財務部門といった個別管理の発想ではなく，全社的な観点からリスクを統合的に管理することによって企業全体のリスクを軽減し，必要資本の節約を進めることが，ERMの考え方の基礎にあるのです。

　21世紀に入ると，企業のリスクマネジメントに対する関心をよりいっそう高める事件が相次ぎました。特に，2000年代初頭のエンロンやワールドコムの経営破たんは，世界中の企業に主体的なリスク対応の必要性を痛感させました。こうしたなか，2002年には，米国で**サーベインズ＝オクスリー法**（Sarbanes-Oxley Act：**SOX法**）が成立し，大規模な内部統制の強化が制度として整備されました。続いて，2003年7月には，米国の**トレッドウェイ委**

員会組織委員会（Committee of Sponsoring Organizations of Treadway Commission：**COSO**）が，全社的リスクマネジメントに関する統合的フレームワーク（枠組み）を取りまとめるなど，ERMの共通の枠組みに対する社会の関心が高まりを見せています。

| Working | 調べてみよう |

1. 企業を1つ取り上げ，その企業にとって重要な間接損失としてどのようなものがあるか，考えてみましょう。
2. 企業が行うリスクコントロールとして具体的にどのようなものがあるか，企業を1つあげて調べてみましょう。

第 I 部

リスクマネジメントと保険・デリバティブ

第2章
確率の基礎計算

第3章
保険の原理と保険料の決定

第4章
期待効用仮説と保険市場の限界

第5章
デリバティブと代替的リスクファイナンス

第2章 確率の基礎計算

第Ⅰ部●リスクマネジメントと保険・デリバティブ

Learning Points
▶本書を学ぶにあたって必要となる確率の知識を学びます。
▶確率分布の特徴をつかむための指標の意味と計算を修得します。
▶複数の確率分布の関係をつかむための指標の意味と計算を修得します。

Key Words
確率変数　確率分布　期待値　分散　標準偏差　共分散　相関係数

1 確率計算の必要性
この章で学ぶこと

　本書ではこれから、保険やファイナンス理論、リスクマネジメントについて学んでいきます。そこでは、たとえば自動車事故による損害、株価の変動、火災や為替レートによるキャッシュフローの変動に直面したとき、個人や企業はどのような意思決定を行えばよいかを、例題を通じて理解してもらいます。これら将来の不確実性を扱うために必要となる道具が確率の諸計算です。

　まず、**確率変数**とは結果として生じる値の候補がいくつかある変数のことをいい、起こり得る値にはそれぞれ確率が割り振られています。そして、起こり得る値と確率の組み合わせを**確率分布**と呼び、しばしば表やグラフで示されます。たとえば、株式Aのリターンについて次の確率分布が与えられているとしましょう（リターンについては第6章で詳しく学びます）。

　図表2-1の確率分布は、株式Aのリターンとして−20％、5％、30％の3通りあり、起こる確率がそれぞれ0.2、0.5、0.3であることを示しています。もう少し一般的に、起こり得る値がn個あり、それらをx_1, x_2, …, x_nと表し、起こる確率をそれぞれp_1, p_2, …, p_nと記すこととします。この確率分布

図表 2-1 ▶▶▶ 株式 A のリターンの確率分布

株式 A のリターン	-20%	5%	30%
確率	0.2	0.5	0.3

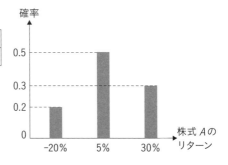

図表 2-2 ▶▶▶ 確率分布

起こり得る値 (確率変数の実現値)	x_1	x_2	⋯	x_n
確率	p_1	p_2	⋯	p_n

は**図表 2-2**のように表されます。

確率は 0 以上 1 以下,またすべて足すと 1 になる約束なので,

$$0 \leq p_i \leq 1, \quad p_1 + p_2 + \cdots + p_n = 1 \quad (\Sigma_{i=1}^{n} p_i = 1)$$

を満たします。

ところで,起こり得る値と確率の組み合わせ,すなわち確率分布は実に多種多様です。確率分布の特徴をつかみたい,複数の分布を比較したいといった場合にいくつかの指標が利用されます。たとえば,期待値,分散・標準偏差,共分散・相関係数です。これらの計算を行えるようになることがこの章の目的です。

なお,この章で扱う確率の知識と計算は,例題を学ぶための最低限のものであることを注意しておきます。また,公式の導出なども紙幅の都合で割愛していますが,ぜひ,巻末の「さらに学びたい人のために」で紹介しているテキストで学んでください。

2　期待値

指標の1つ目として期待値を理解します。いろいろな値をとり得るならば確率分布の中心はどこだろう、と思う人も少なくないことでしょう。この中心（重心）を表す値を**期待値**といいます。期待値は本書で最も利用される値なので、しっかり押さえておきましょう。

確率変数Xの確率分布が**図表2-3**のように与えられたとき、期待値は、

$$x_1 p_1 + x_2 p_2 + \cdots + x_n p_n \quad (\textstyle\sum_{i=1}^{n} x_i p_i) \tag{1}$$

と定義されます。期待値は平均値と呼ばれることもありますが、算術平均（$=\dfrac{x_1 + x_2 + \cdots + x_n}{n}$）とは異なります。(1)式を見ますと、単に平均をとっているわけではなく、確率で加重して平均をとっていることがわかるでしょう。つまり、起こりやすい値には大きく重みづけをしているわけです。

なお、確率変数Xの期待値は$\mathrm{E}(X)$あるいはμ_Xなどとも記されます。EはExpectationの頭文字です。μは「ミュー」と読みます。また、用語として「○○の期待値」は「期待○○」と呼ばれます。たとえば、リターンの期待値は期待リターン、損失の期待値は期待損失といった具合です。

期待値のいくつかの性質を証明なしで紹介しておきます。XとYを確率変数、aとbを任意の定数として、次のことが成り立ちます。

[性質1]　$\mathrm{E}(a)=a$　⇒　定数の期待値は、定数そのもの
[性質2]　$\mathrm{E}(aX)=a\mathrm{E}(X)$　⇒　定数倍の期待値は、期待値の定数倍
[性質3]　$\mathrm{E}(X+b)=\mathrm{E}(X)+b$　⇒　定数を加減したものの期待値は、期待値を加減したもの
[性質4]　$\mathrm{E}(X+Y)=\mathrm{E}(X)+\mathrm{E}(Y)$　⇒　和の期待値は、期待値の和

図表 2-3 ▶▶▶ X の確率分布

起こり得る値	x_1	x_2	…	x_n
確率	p_1	p_2	…	p_n

Ex. 2-1 例題

株式 B と株式 C のリターンの確率分布が**図表 2-4**のように与えられています。

図表 2-4 ▶▶▶ 株式 B と株式 C のリターンの確率分布

株式 B のリターン	4%	8%	12%
確率	0.25	0.5	0.25

株式 C のリターン	0%	10%	20%
確率	0.25	0.7	0.05

Q1 株式 B の期待リターンを求めてください。

Q2 株式 B を発行している企業の成長によって，いかなる場合もそのリターンが0.5%ずつ上昇すると見込まれました。このとき，株式 B のリターンの新たな分布を示して，そのもとでの期待リターンを求めてください。

Q3 株式 C の期待リターンを求めて，株式 B と比較してください。

Q4 今，手持ちの資金を株式 B と C に半分ずつ投資します。このとき，全体の期待リターンを求めてください。なお，リターンについては**図表 2-4**を使用してください。

R to A 解答と解説

Q1 期待値の定義に沿って計算すると，

$$4 \times 0.25 + 8 \times 0.5 + 12 \times 0.25 = 8(\%)$$

と求められます。

Q2 どのような場合でも0.5%のリターン上昇が得られることから，株式Bのリターンの新たな分布は**図表2-5**のようになります。これに基づいて期待リターンを計算すると，

$$4.5 \times 0.25 + 8.5 \times 0.5 + 12.5 \times 0.25 = 8.5(\%)$$

となります。これは**Q1**の解答に0.5%分上乗せされた値です。また，**[性質3]** $E(X + b) = E(X) + b$ を利用しても同じ値が求められます。つまり，株式BのもともとのリターンをXで表すと，新たなリターンの期待値は，

$$E(X+0.5) = E(X) + 0.5 = 8 + 0.5 = 8.5(\%)$$

と計算されます。

図表2-5 ▶▶▶ 株式Bの新たなリターンの確率分布

株式Bの新たなリターン	4.5%	8.5%	12.5%
確率	0.25	0.5	0.25

Q3 株式Cの期待リターンを求めてみましょう。

$$0 \times 0.25 + 10 \times 0.7 + 20 \times 0.05 = 8(\%)$$

これを**Q1**の解答と比較しますと，両者とも8%ですので，期待リターンは同じです。このことから，確率分布の形状の違いを期待値のみで捉えることはできないことがわかります（**図表2-6**）。

Q4 次に株式BとCに手持ち資金の半分ずつを投資したときの期待リターンを計算します。なお，複数の資産の組み合わせをポートフォリオと呼び，第6章で詳しく学びます。ここでは，**[性質2]** $E(aX) = aE(X)$ と**[性質**

図表2-6 ▶▶▶ リターンの確率分布の比較

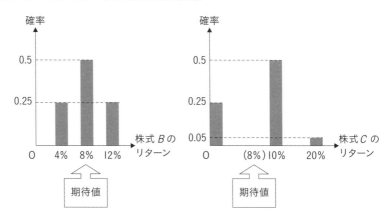

4] $E(X+Y)=E(X)+E(Y)$ を利用して，このポートフォリオの期待リターンを計算してみましょう。株式BのリターンをX，株式CのリターンをYと表すと，$0.5X+0.5Y$の期待値を求めることになります。したがって，

$$E(0.5X+0.5Y)=0.5\times E(X)+0.5\times E(Y)=0.5\times 8+0.5\times 8=8(\%)$$

となります。

3 分散と標準偏差

Ex.2-1 Q3の R to A でも述べましたが，分布の性質はその期待値だけでは捉えきれません。では，他の指標として何が有用でしょうか。しばしば利用されるものとして，分布の散らばり具合を表す**分散**または**標準偏差**があります。確率分布の中心（重心）付近に集まっているのか，それとも遠くまで散らばっているのか，その程度を1つの値で表現するのです。

確率変数Xの確率分布が**図表2-7**のように与えられたとき，期待値をE(X)として，分散はE$((X-E(X))^2)$と定義されます。具体的には，

図表 2-7 ▶▶▶ X の確率分布

起こり得る値	x_1	x_2	$\cdots$	x_n
確率	p_1	p_1	$\cdots$	p_n

$$(x_1 - \mathrm{E}(X))^2 \times p_1 + (x_2 - \mathrm{E}(X))^2 \times p_2 + \cdots + (x_n - \mathrm{E}(X))^2 \times p_n$$
$$\text{または、} \sum_{i=1}^{n} (x_i - \mathrm{E}(X))^2 \times p_i \tag{2}$$

と計算されます。$(x_i - \mathrm{E}(X))^2$は，x_iから期待値$\mathrm{E}(X)$までの偏差の2乗です。そしてそれらを確率p_iで加重していますので，(2)式は期待値からの散らばり具合の加重平均となります。なぜ$(x_i - \mathrm{E}(X))$をわざわざ2乗しているのか疑問に思う読者もいることでしょう。実は，2乗せずに$(x_i - \mathrm{E}(X))$のままで計算しますと，各項のプラスとマイナスが相殺されて，いかなる分布の場合もゼロになってしまいます。これでは散らばり具合を測りようがないので，すべての項が非負になるよう2乗しているのです。さらに，単位を元に戻すために，正の平方根をとったもの，つまり$\sqrt{\mathrm{E}((X - \mathrm{E}(X))^2)}$を標準偏差と呼びます。

なお，確率変数Xの分散は$\mathrm{V}(X)$あるいはσ_X^2と，標準偏差はσ_Xとも記されます。VはVarianceの頭文字です。σは「シグマ」と読みます。また，第Ⅱ部のファイナンス理論において，リスクは標準偏差で測られることが多く，ボラティリティとも呼ばれます。

分散のいくつかの性質を紹介しておきます。Xを確率変数，aとbを任意の定数として，次のことが成り立ちます。

[性質5] $\mathrm{V}(X) = \mathrm{E}(X^2) - \mathrm{E}(X)^2$ ⇒ 分散は，2乗の期待値引く期待値の2乗

[性質6] $\mathrm{V}(a) = 0$ ⇒ 定数の分散はゼロ

[性質7] $\mathrm{V}(aX) = a^2 \mathrm{V}(X)$ ⇒ 定数倍すると，その2乗倍だけ分散が変化する

[性質8] $\mathrm{V}(X+b) = \mathrm{V}(X)$ ⇒ 定数を足しても分散は変化しない

[性質5] は実際に分散を計算する際によく利用される公式なので，以下に導出を示しておきます。

$$\begin{align}
V(X) &= E((X-E(X))^2) \\
&= E(X^2 - 2XE(X) + E(X)^2) \\
&= E(X^2) - 2E(X)E(X) + E(X)^2 \\
&= E(X^2) - E(X)^2
\end{align}$$

なお，2つの確率変数の和の分散$V(X+Y)$については，互いの影響を考慮する必要があります。この点は次節以降で扱います。

Ex. 2-2　　　　　　　　　　　　　　　　　　　　　　　　　　例題

Ex.2-1 の株式BとCのリターンの確率分布を利用して，以下の問いに答えてください（図表2-8）。

図表2-8 ▶▶▶ 株式BとCのリターンの確率分布（図表2-4再掲）

株式Bのリターン	4%	8%	12%
確率	0.25	0.5	0.25

株式Cのリターン	0%	10%	20%
確率	0.25	0.7	0.05

Q1 株式BとCのリターンの分散および標準偏差をそれぞれ求めてください。

Q2 株式Bを発行している企業の成長によって，いかなる場合もそのリターンが0.5%ずつ上昇すると見込まれました。このとき，株式Bの新たなリターンの分散と標準偏差を求めて，**Q1**と比較してください。

R to A 　解答と解説

Q1 まず株式 B のリターンの分散を(2)式の定義にしたがって計算していきましょう。分散を求めるためには期待値が必要です。株式 B の期待リターンは，**Ex.2-1** のQ1より8％でした。したがって，リターンの分散は，

$$(4-8)^2 \times 0.25 + (8-8)^2 \times 0.5 + (12-8)^2 \times 0.25 = 8$$

となります。標準偏差は $\sqrt{8} =$ (約)2.83(％)と求められます。

次に株式 C のリターンについては，リターンを X として，[**性質5**] $V(X) = E(X^2) - E(X)^2$ を利用して計算してみましょう。期待リターンはすでに **Ex.2-1** のQ3より8％とわかっています。X^2 の期待値 $E(X^2)$ はどのように計算すればよいのでしょうか。X^2 に限らず，期待値計算の対象が確率変数 X の関数になっている場合でも，(各 x_i に割り振られた) 確率で加重した平均をとることによりその期待値が求められます。つまり，**図表2-9** の分布を考えます。これにより，$E(X^2) = 0 \times 0.25 + 100 \times 0.7 + 400 \times 0.05 = 90$。なので，$V(X) = E(X^2) - E(X)^2 = 90 - 8^2 = 26$ となります。また標準偏差は $\sqrt{26} =$ (約)5.10(％)と求められます。

これらの計算をもとに，株式 B と C のリターンの特徴を比較してみましょう。期待リターンは8％と同値ですが，分散および標準偏差は株式 C のリターンの方が大きな値となりました。つまり，株式 C のリターンの方がより散らばっていることがこの数値で示されました。

図表2-9 ▶▶▶株式 C のリターンの2乗の確率分布

株式 C のリターンの2乗	$0^2=0$	$10^2=100$	$20^2=400$
確率	0.25	0.7	0.05

Q2 **Ex.2-1** のQ2と同様に，株式 B のリターンの新たな分布は**図表2-10**のようになります。

期待リターンは8.5％でしたので，分散の定義にしたがって計算すると，

$$(4.5-8.5)^2 \times 0.25 + (8.5-8.5)^2 \times 0.5 + (12.5-8.5)^2 \times 0.25 = 8$$

図表2-10 ▶▶▶ **株式Bの新たなリターンの確率分布**(図表2-5再掲)

株式Bの新たなリターン	4.5%	8.5%	12.5%
確率	0.25	0.5	0.25

となります。また標準偏差は$\sqrt{8}=$(約)2.83(%)です。Q1と比較すると，分散も標準偏差も変化していません。なお，本問は[**性質8**]V$(X+b)=$V(X)を利用しても求められます。このことは，直観的にも理解できるのではないでしょうか。すべての起こり得る値に定数(0.5)を足すことによって，期待値も定数分移動して，その結果，散らばり具合は変化しないのです。

4 同時確率分布と周辺確率分布

Ex.2-1 Q3を除いて，ここまで単一の確率変数についての計算を行ってきました。しかし，リスクマネジメントにおいては，複数の確率変数を同時に扱う局面がかなり多くみられます。たとえば，投資においては複数の資産のリターンを同時に考慮する必要があるでしょうし，企業が複数のリスクに直面していることはいうまでもありません。

そこで，この節では，2つの確率変数間の関係をつかむ準備として，**同時確率分布**と**周辺確率分布**を学びます。図表2-11は，株式Dと株式Fのリターンの同時確率分布を表しています。株式DとFのリターンの組み合わせとして（5％，-1％）である確率が0.2，（5％，2％）である確率が0.3，（10％，-1％）である確率が0.2，（10％，2％）である確率が0.3であることを示しています。

また，どちらか一方のリターンのみに関心がある場合，2つのリターンを同時に扱う必要はありません。たとえば，株式Dのリターンにのみ着目するならば，5％と10％のいずれかが生じます。株式Dのリターンが5％である確率は，リターンの組み合わせ（5％，-1％）と（5％，2％）の確率を足

図表2-11 ▶▶▶ **同時確率分布と周辺確率分布**

株式Dのリターン \ 株式Fのリターン	-1%	2%	Dのリターンの周辺確率
5%	0.2	0.3	0.5
10%	0.2	0.3	0.5
Fのリターンの周辺確率	0.4	0.6	(計)1

図表2-12 ▶▶▶ **周辺確率分布**

株式Dのリターン	5%	10%
確率	0.5	0.5

株式Fのリターン	-1%	2%
確率	0.4	0.6

図表2-13 ▶▶▶ **同時確率分布と周辺確率分布**

X \ Y	y_1	y_2	...	y_m	Xの周辺確率
x_1	p_{11}	p_{12}	...	p_{1m}	$\sum_{j=1}^{m} p_{1j}$
x_2	p_{21}	p_{22}	...	p_{2m}	$\sum_{j=1}^{m} p_{2j}$
⋮	⋮	⋮	⋮	⋮	⋮
x_n	p_{n1}	p_{n2}	...	p_{nm}	$\sum_{j=1}^{m} p_{nj}$
Yの周辺確率	$\sum_{i=1}^{n} p_{i1}$	$\sum_{i=1}^{n} p_{i2}$	...	$\sum_{i=1}^{n} p_{im}$	(計)1

すことによって0.5（=0.2+0.3）と求めることができます。同様に，株式Dのリターンが10%である確率も0.5（=0.2+0.3）となります。これらは**図表2-11**の同時確率を横に足し合わせて求められています。この一方の確率変数だけに着目した分布を周辺確率分布と呼びます。周辺確率分布のみを抜き出したものが**図表2-12**です。

同時確率分布と周辺確率分布をもう少し一般的に**図表2-13**に記しておきます。ここで確率の約束にしたがって，$0 \leq p_{ij} \leq 1$，$\sum_{i=1}^{n} \sum_{j=1}^{m} p_{ij} = 1$

です。

ところで、すべての同時確率が周辺確率の積で表されるとき、確率変数XとYは**独立**である、といいます。株式DとFのリターンは独立になっています。すべての同時確率が周辺確率の積になっていることを**図表2-11**で確認しましょう。そして独立の場合には次のことが成り立ちます。

[性質9] 確率変数XとYが独立ならば、$E(XY)=E(X)E(Y)$
　　　　⇒　積の期待値は、期待値の積

[性質10] 確率変数XとYが独立ならば、$V(X+Y)=V(X)+V(Y)$
　　　　⇒　和の分散は、分散の和

Ex. 2-3　　　　　　　　　　　　　　　　　　　　　　　　　　　　　例題

株式GとHのリターンの同時確率分布が**図表2-14**で与えられています。

図表2-14 ▶▶▶株式GとHのリターンの同時確率分布

株式Gのリターン ＼ 株式Hのリターン	-5%	2%	8%
-2%	0.3	0.1	0.1
4%	0.1	0.2	0.2

Q1 株式GとHのリターンの周辺確率分布をそれぞれ求めてください。

Q2 株式GとHのリターンについて、期待値、分散および標準偏差をそれぞれ求めてください。

Q3 株式GとHのリターンは独立かどうか確かめてください。

図表2-15 ▶▶▶ **株式Gのリターンの周辺確率分布**

株式Gのリターン	-2%	4%
確率	0.5	0.5

図表2-16 ▶▶▶ **株式Hのリターンの周辺確率分布**

株式Hのリターン	-5%	2%	8%
確率	0.4	0.3	0.3

Q1 まず株式Gのリターンの周辺確率分布を求めてみましょう。Gのリターンは-2%か4%のいずれかの値をとります。リターンが-2%である確率は,同時確率分布表においてリターンの組み合わせ(-2%,-5%),(-2%, 2%), (-2%, 8%)の3つの確率を足し合わせて0.5(=0.3+0.1+0.1)と求めることができます。同様に,Gのリターンが4%である確率も,0.5(=0.1+0.2+0.2)となります。**図表2-14**中の同時確率の値を横に足し合わせることで周辺確率が計算されます。よって,株式Gのリターンの周辺確率分布は**図表2-15**のようになります。

株式Hのリターンについては,同時確率分布表中の値を縦に足すことで,とり得る値それぞれの確率を求めることができます。したがって,**図表2-16**のようになります。

Q2 上の**Q1**でそれぞれの周辺確率分布がわかっていますので,期待値や分散の計算はこれまでと全く同様です。株式Gの期待値は,$-2 \times 0.5 + 4 \times 0.5 = 1 (\%)$です。分散は定義にしたがって計算すると,$(-2-1)^2 \times 0.5 + (4-1)^2 \times 0.5 = 9$となります。標準偏差は$\sqrt{9} = 3(\%)$です。

株式Hの期待値は,$-5 \times 0.4 + 2 \times 0.3 + 8 \times 0.3 = 1(\%)$です。分散は,**[性質5]** $V(X) = E(X^2) - E(X)^2$を利用すると,$(-5)^2 \times 0.4 + 2^2 \times 0.3 + 8^2 \times 0.3 - 1^2 = 29.4$となります。もちろん,定義通りに計算しても同じ答えです。標準偏差は$\sqrt{29.4} = (約) 5.42(\%)$です。

Q3 結論を先取りしますと,独立ではありません。独立の定義は,すべての同時確率が周辺確率の積で表されることでした。たとえば,株式GとHのリターンの組み合わせとして$(-2\%, -5\%)$が生じる確率は0.3です。一方,**Q1**の結果から,株式Gのリターンが-2%である確率は0.5,株式Hのリターンが-5%である確率は0.4です。$0.5 \times 0.4 \neq 0.3$ですから,独立でないことはすぐにわかります。他の組み合わせでも同様に確認できます。

5 共分散と相関係数

2つの確率変数を同時に扱う場合には,一方の値の起こりやすさが他方の値に依存していることも考えられるでしょう。たとえば,2つの株式のリターンを考えたとき,一方が10%上昇したときに,5%下落する株式もあるでしょう。また,一方が10%上昇したときに,5%上昇する株式もあることでしょう。このように,2つの確率変数の動きの傾向を捉える指標として**共分散**と**相関係数**があります。

まず,確率変数XとYの共分散$\mathrm{Cov}(X, Y)$は以下で定義されます。Covは Covarianceの略です。

$$\mathrm{Cov}(X,Y) = \mathrm{E}((X-\mathrm{E}(X))(Y-\mathrm{E}(Y))) \tag{3}$$

この式の右辺は$(X-\mathrm{E}(X))$と$(Y-\mathrm{E}(Y))$の積の期待値であり,具体的に,$\sum_{i=1}^{n}\sum_{j=1}^{m}(x_i-\mathrm{E}(X))(y_j-\mathrm{E}(Y)) \times p_{ij}$と計算されます。それぞれ括弧の中は,期待値よりも大きな値であれば符号はプラス,小さな値であればマイナスになります。プラスとプラス,もしくはマイナスとマイナスの組み合わせであれば掛け合わせてプラスになりますし,それ以外の組み合わせであれば掛け合わせてマイナスの符号になります。その掛け合わせたものを確率で重みづけして期待値をとっています。よって,共分散の値がプラスであれば,一方が大きな(小さな)値をとるときに,もう一方も大きな(小さな)値をとる

傾向にあるといえますし、マイナスの符号であれば、一方が大きな（小さな）値をとるときに、もう一方が小さな（大きな）値をとる傾向にあることになります。なお、XとYの共分散はσ_{XY}と記されることもあります。

共分散を導入することによって、一般に和の分散$V(X+Y)$を展開することができます。

[性質11] $V(X+Y) = V(X) + V(Y) + 2\text{Cov}(X, Y)$

前節の**[性質10]**は、この**[性質11]**の特別な場合に相当します。**[性質11]**の展開を以下に示しておきます。

$$\begin{aligned}V(X+Y) &= E(((X+Y) - E(X+Y))^2) \\ &= E(((X-E(X)) + (Y-E(Y)))^2) \\ &= E((X-E(X))^2) + E((Y-E(Y))^2) \\ &\quad + 2E((X-E(X))(Y-E(Y))) \\ &= V(X) + V(Y) + 2\text{Cov}(X, Y)\end{aligned}$$

すでに紹介した**[性質7]** $V(aX) = a^2 V(X)$と上の**[性質11]**を合わせて、$aX+bY$の分散を展開したものを紹介しておきます。特に第6章でこの式をよく使います。

[性質12] $V(aX+bY) = a^2 V(X) + b^2 V(Y) + 2ab\text{Cov}(X, Y)$

ここで共分散のいくつかの性質を紹介しておきます。X, Y, Zを確率変数、aとbを任意の定数として、次のことが成り立ちます。

[性質13] $\text{Cov}(X, Y) = E(XY) - E(X)E(Y)$
[性質14] $\text{Cov}(X, Y) = \text{Cov}(Y, X)$
[性質15] $\text{Cov}(aX, Y) = a\text{Cov}(X, Y)$
[性質16] $\text{Cov}(X+Z, Y) = \text{Cov}(X, Y) + \text{Cov}(Z, Y)$
　　　　　特にZが定数bのとき、$\text{Cov}(X+b, Y) = \text{Cov}(X, Y)$

[**性質13**]は共分散を計算する際にしばしば利用されますので,導出を示しておきます。

$$
\begin{aligned}
\mathrm{Cov}(X, Y) &= \mathrm{E}((X-\mathrm{E}(X))(Y-\mathrm{E}(Y))) \\
&= \mathrm{E}(XY - X\mathrm{E}(Y) - \mathrm{E}(X)Y + \mathrm{E}(X)\mathrm{E}(Y)) \\
&= \mathrm{E}(XY) - 2\mathrm{E}(X)\mathrm{E}(Y) + \mathrm{E}(X)\mathrm{E}(Y) \\
&= \mathrm{E}(XY) - \mathrm{E}(X)\mathrm{E}(Y)
\end{aligned}
$$

さらに,[**性質9**]確率変数XとYが独立ならば$\mathrm{E}(XY)=\mathrm{E}(X)\mathrm{E}(Y)$より,次のことが成り立ちます。

[**性質17**]　確率変数XとYが独立ならば,$\mathrm{Cov}(X, Y)=0$(XとYは無相関)

なお,[**性質17**]に関して,無相関だからといって独立とは限らないことに注意してください。

共分散の符号によって確率変数間の有用な情報がもたらされますが,共分散の値自体は確率変数のとり得る値の大きさ(スケール)に依存してしまいます。とり得る値が大きければ,共分散の値も比較的大きくなり,さも傾向が強いように見えてしまうかもしれません。そこで,共分散の代わりに相関係数という指標がしばしば利用されます。この相関係数は必ず-1以上1以下の値をとり,確率変数のとり得る値の大きさには依存しません。確率変数XとYの相関係数ρ_{XY}は以下で定義されます。ρは「ロー」と読みます。

$$
\rho_{XY} = \frac{\mathrm{Cov}(X, Y)}{\sqrt{\mathrm{V}(X)}\sqrt{\mathrm{V}(Y)}} \tag{4}
$$

右辺の分母はXの標準偏差とYの標準偏差を掛けたものですから,プラスの値です。よって,相関係数の符号は分子の共分散の符号と同じものになります。$0 < \rho_{XY} \leq 1$のとき正の相関,$-1 \leq \rho_{XY} < 0$のとき負の相関,$\rho_{XY}=0$($\mathrm{Cov}(X, Y)=0$)のとき無相関といわれます。

なお,相関係数の場合,[**性質13**]〜[**性質17**]の性質は成り立つでしょうか。皆さん定義に沿って確かめてみましょう。相関係数がスケールに依ら

ないことは，次の性質に現れています。XとYを確率変数，a, b, c, dを任意の定数（ただし，$ac>0$）として，次のことが成り立ちます。

[性質18]　　$\rho(aX+b, cY+d) = \rho_{XY}$

Ex. 2-4 例題

Ex. 2-3 と同じく，株式GとHのリターンの同時確率分布が以下の**図表2-17**で与えられています。

図表2-17 ▶▶▶ 株式GとHのリターンの同時確率分布（図表2-14再掲）

株式Gのリターン ＼ 株式Hのリターン	-5%	2%	8%
-2%	0.3	0.1	0.1
4%	0.1	0.2	0.2

—**Q1**　株式GとHのリターンの共分散および相関係数を求めてください。

—**Q2**　株式Gを発行している企業の成長によって，いかなる場合もそのリターンが0.5%ずつ上昇すると見込まれました。このとき，株式GとHのリターンの共分散と相関係数を求め，**Q1**と比較してください。

—**Q3**　手持ちの資金を株式Gに4割，株式Hに6割投資します。このとき，株式GとHから構成されるこのポートフォリオのリターンの期待値，分散および標準偏差を求めてください。なお，各株式のリターンの分布は与えられている**図表2-17**を利用してください。

R to A 解答と解説

—**Q1**　株式GのリターンをX，HのリターンをYとして，**[性質13]** $\mathrm{Cov}(X, Y) = \mathrm{E}(XY) - \mathrm{E}(X)\mathrm{E}(Y)$を利用して共分散を求めてみましょう。まず，

$$E(XY)=(-2)\times(-5)\times 0.3+(-2)\times 2\times 0.1+(-2)\times 8\times 0.1$$
$$+4\times(-5)\times 0.1+4\times 2\times 0.2+4\times 8\times 0.2=7$$

Ex.2-3 の**Q2**より$E(X)=E(Y)=1$でしたので，

$$\mathrm{Cov}(X,\ Y)=7-1\times 1=6$$

となります。

　また，Ex.2-3 の**Q2**より，$V(X)=9$，$V(Y)=29.4$でしたので，相関係数は，

$$\rho_{XY}=\frac{6}{\sqrt{9}\sqrt{29.4}}=（約）0.37$$

と求められます。

Q2 株式GのもとのリターンをXと記すと，新しいリターンは$X+0.5$と表されます。とり得る値は，-1.5%($=-2+0.5$)と4.5%($=4+0.5$)となり，新たな分布表を作成して共分散を計算しても求められますが，ここでは **[性質16]** $\mathrm{Cov}(X+b,\ Y)=\mathrm{Cov}(X,\ Y)$を利用してみましょう。**Q1**より，

$$\mathrm{Cov}(X+0.5,\ Y)=\mathrm{Cov}(X,\ Y)=6$$

となります。

　また，**[性質18]** $\rho(aX+b,\ cY+d)=\rho_{XY}$より，確率変数に定数を加減しても分散同様に共分散や相関係数の値は変わりません。したがって，**Q1**より，$\rho_{X+0.5,Y}=\rho_{XY}=$（約）0.37と求められます。

Q3 資金を株式Gに4割，株式Hに6割投資することから，ポートフォリオのリターンは$0.4X+0.6Y$と表されます。また，すでに Ex.2-3 の**Q2**において$E(X)=E(Y)=1$，$V(X)=9$，$V(Y)=29.4$，本例題の**Q1**において$\mathrm{Cov}(X,\ Y)=6$と求められています。

　まず，期待リターンは，

$$E(0.4X+0.6Y)=0.4E(X)+0.6E(Y)=0.4\times 1+0.6\times 1=1（\%）$$

となります。次に，リターンの分散は**[性質12]**より，

$$V(0.4X+0.6Y)=0.4^2\times V(X)+0.6^2\times V(Y)+2\times 0.4\times 0.6\times \mathrm{Cov}(X,Y)$$
$$=0.4^2\times 9+0.6^2\times 29.4+2\times 0.4\times 0.6\times 6=14.904$$

と求められます。よって，標準偏差は$\sqrt{14.904}=$(約)3.86(%)です。

6 確率計算の修得を目指して
この章のまとめと発展課題

　この章では，必要となる確率の知識と計算の修得を目指して，株式のリターンを例にとっていくつかの計算を行ってきました。まず，確率分布の特徴をつかむために，Ex.2-1 では期待値の計算，Ex.2-2 では分散および標準偏差の計算を学びました。次に，確率変数間の関係をつかむために，Ex.2-3 の同時確率分布や周辺確率分布の理解をふまえたうえで，Ex.2-4 では共分散や相関係数の計算を実行しました。いずれも，後の章で利用していきます。

　冒頭の繰り返しになりますが，ここでの知識・計算は本書を学ぶにあたって必要最小限にとどめられています。たとえば，この章で出てきた確率分布はすべて，確率変数の実現値としてとびとびの（離散的な）値しかとらない離散確率分布と呼ばれるものです。これに対して連続的な値をとる連続確率分布と呼ばれる分布もあります。この連続確率分布の方がいろいろと扱いやすいため，理論や実務においてしばしば利用されています。また，確率分布は多種多様ですが，諸現象を表すのに適した分布には名前が付けられています。離散確率分布に属する分布としては二項分布，幾何分布，ポアソン分布などが，連続確率分布としては正規分布や指数分布などがあげられます。ぜひ，他のテキストで詳しく学んでください。

　最後に，この章で紹介した性質のうち，今後特に利用する性質を以下にまとめておきます。

XとYを確率変数，aとbを任意の定数とします。

- $\mathrm{E}(a) = a$
- $\mathrm{E}(aX+bY) = a\mathrm{E}(X) + b\mathrm{E}(Y)$
- $\mathrm{V}(X) = \mathrm{E}(X^2) - \mathrm{E}(X)^2$
- $\mathrm{Cov}(X,Y) = \mathrm{E}(XY) - \mathrm{E}(X)\mathrm{E}(Y)$
- $\mathrm{V}(aX+bY) = a^2\mathrm{V}(X) + b^2\mathrm{V}(Y) + 2ab\mathrm{Cov}(X,Y)$
- 確率変数XとYが独立ならば，$\mathrm{Cov}(X, Y) = 0$

Training

解いてみよう

1. 下表の分布をもつ株式Iのリターンの期待値，分散および標準偏差を求めて，Ex.2-1 や Ex.2-2 の株式Bのリターンと比較，考察してください。

株式Iのリターンの確率分布

株式Iのリターン	-1%	8%	10%
確率	8/99	5/9	4/11

2. 株式JとKのリターンの同時確率分布が下表で与えられています。資金のうちの3割をJに，7割をKに投資します。このとき，JとKから構成されるポートフォリオのリスク（標準偏差）を求めてください。

株式JとKのリターンの同時確率分布

株式Jのリターン \ 株式Kのリターン	-8%	4%	10%
-2%	0.05	0.05	0.1
0%	0.1	0.2	0.1
5%	0.3	0.05	0.05

3. 相関係数が-1以上1以下であることを示してください。

第3章 保険の原理と保険料の決定

Learning Points
▶リスクプーリングを通じて保険の原理について学習します。
▶保険料の構成要素とその決定について理解します。

Key Words

純保険料　付加保険料　リスクプーリング　収支相等の原則
大数の法則

1 保険契約と保険料の構成
この章で学ぶこと

　第1章において，リスクマネジメントのさまざまな手法は，リスクコントロールとリスクファイナンスに大別され，さらに後者は保有と移転に分類され，移転の代表的な手法に保険があることを紹介しました。第Ⅲ部でもリスクマネジメントを考察する際に，保険がしばしば登場します。

　はじめに，保険契約の骨組みを大まかに抑えておきましょう。あるリスクを移転したいと思う保険契約者とそのリスクを引き受ける保険者の2者の間で保険契約が結ばれます（**図表3-1**）。契約者として個人や企業，保険者として保険会社をイメージしておけばよいでしょう。契約内容にしたがって，保険事故と呼ばれる出来事が生じた場合に，保険者は契約者に保険金を支払います。言い換えると，保険事故が発生しなければ，保険金は支払われません。たとえば，自動車保険であれば自動車事故，火災保険であれば火災発生が保険事故に該当します。また，契約者はそのリスク引き受けの対価として，事前に保険料を保険者に支払います。

　保険契約において契約者が支払う保険料は，営業保険料と呼ばれます。そ

図表 3-1 ▶▶▶保険契約の骨組み

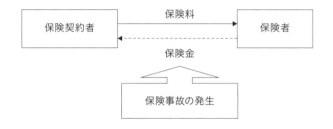

図表 3-2 ▶▶▶保険料の構成

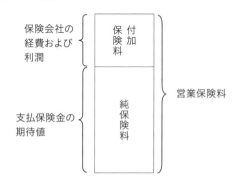

して，営業保険料は**純保険料**と**付加保険料**から構成されています。純保険料は，将来の支払保険金の期待値です。また，付加保険料は保険を引き受ける保険会社の経費等に相当します（**図表 3-2**）。

では，純保険料はどのように決定されるのでしょうか。実際，保険会社はたくさんの契約者と保険契約を結んでいます。たとえば，自動車事故に関して同じリスクをもつ人たちを1,000人集めてきます。各人は5％の確率で損失100万円を被るものとします。この場合，平均的には1,000人のうち50人が事故に遭うと予想され，総額5,000万円（＝100万円×50人）の保険金の支払いが生じます。したがって，経費分を除いて1人5万円（＝5,000万円/1,000人）を保険料として集めておけば，全体の収支は成立すると考えられます。このように，純保険料は収支が均衡するように設定されるべきという原則を，

収支相等の原則と呼びます。

　また，この 5 万円は各人の損失の期待値に当たります（＝100万円×0.05＋0円×0.95）。このように，保険料は各人のリスクを反映して保険金支払額の期待値として設定されるべきという原則は，**給付反対給付均等の原則**と呼ばれます。

　この章では，リスクプーリングを通じて，保険の原理と保険料の決定を検討します。**リスクプーリング**とは，その名のとおり，リスクを集める（プールする）ことを意味しており，たくさん集めれば集めるほど，リスク分散効果が発揮されます。

2　損失の期待値と標準偏差

　この節は，後の例題を解くための準備です。第 2 章で学習した期待値，分散，標準偏差の計算の復習です。

Ex. 3-1　　　　　　　　　　　　　　　　　　　　　　　　例　題

　大倉君と徳常君はそれぞれ自動車を所有しており，同じ車種，同じ運転技術であることから，今年の自動車事故による損失分布は**図表 3 - 3**のとおり同一です。2 人の損失が独立であるとき，以下の問いに答えてください。

図表 3 - 3　▶▶▶自動車事故による損失分布

	無事故	事故
自動車事故による損失（万円）	0	100
確率	0.9	0.1

――**Q1**　大倉君と徳常君の自動車事故による期待損失をそれぞれ求めてください。

――**Q2**　大倉君と徳常君の自動車事故による損失の標準偏差をそれぞれ求めてく

ださい。

Q3 大倉君と徳常君の損失の同時確率分布を求めてください。

R to A
解 答 と 解 説

Q1 大倉君の損失を X, 徳常君の損失を Y として,
$\mathrm{E}(X)=\mathrm{E}(Y)=0\times 0.9+100\times 0.1=10$（万円）と求められます。

Q2 $\mathrm{V}(X)=\mathrm{V}(Y)=(0-10)^2\times 0.9+(100-10)^2\times 0.1=900$ より, 標準偏差は $\sqrt{\mathrm{V}(X)}=\sqrt{\mathrm{V}(Y)}=30$（万円）となります。

なお, 各人の損失分布をグラフで表すと**図表3-4**のようになります。

図表3-4 ▶▶▶各人の損失分布

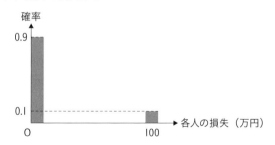

Q3 2人の損失は独立であるとの仮定から, 各セルの同時確率は各人の単純な積で表されます。たとえば, 2人とも無事故である確率は, 0.9×0.9=0.81となります。同様に計算すると同時確率分布は, **図表3-5**のようになります。

図表3-5 ▶▶▶損失の同時確率分布

X \ Y	0	100
0	0.81	0.09
100	0.09	0.01

3 リスクプーリング I
独立の場合

Ex.3-1 でみたように、2人は自動車事故による損失にそれぞれ直面していました。この節では、2人が全体の損失を等分する約束を結ぶことを考えます。つまり、一旦2人の損失を合算し、それから1人当たりの支払額が決定されます。このことは、あたかも2人の自動車事故のリスクを一旦集めているように見えることから、**リスクプーリング**と呼ばれます。まず、以下の数値例を通じて、リスクプーリングによる効果を理解しましょう。また、リスクプーリングの仕組みは、金銭支払のタイミングこそ違いますが、保険の仕組みと類似しています。そこで、このリスクプーリングをもって保険の原理および保険料の決定への接近も試みることにします。

Ex. 3-2　例題

大倉君と徳常君で話し合い、自動車事故による損失を等分することを約束しました。2人の損失分布は Ex.3-1 と同じものとします。また、2人の損失は独立であると仮定します。このとき、以下の問いに答えてください。

Q1 各人の期待損失を求めてください。

Q2 各人の損失の標準偏差を求めてください。

Q3 同じ損失分布をもつ諏澤君にも約束に入ってもらい、計3人で損失を等分することにしました。このとき、各人の期待損失と損失の標準偏差を求めて、**Q2**の結果と比較してください。なお、諏澤君の損失も他の2人の損失とは独立であるものとします。

R to A　解答と解説

Q1 Ex.3-1 と同様に、大倉君の損失をX、徳常君の損失をYと表します。

2人で損失を等分することを約束しているので，1人当たりの損失は，$\frac{X+Y}{2}$と表されます。すでに Ex.3-1 でE(X)やE(Y)は求めています。そこで，第2章で学んだ期待値の性質を利用すると，$\mathrm{E}\left(\frac{X+Y}{2}\right)=\frac{1}{2}$(E($X$)+E($Y$))=$\frac{1}{2}$×20=10（万円）となります。

また，**図表3-5**の同時確率分布から各人の損失$\frac{X+Y}{2}$の分布を直接考えてみてもよいでしょう。各人の損失は，どちらも無事故，1人だけ事故，どちらも事故の場合に，それぞれ0，50万円，100万円となります。もちろん**図表3-6**からも，0×0.81+50×0.18+100×0.01=10（万円）と各人の期待損失が求められます。約束を結ばない場合，すなわち Ex.3-1 と期待損失は変わりません。

図表3-6 ▶▶▶各人の損失分布（2人でリスクプーリング）

各人の損失（万円）	0	50	100
確率	0.81	0.18	0.01

Q2 各人の損失$\frac{X+Y}{2}$の分散を計算してみましょう。 Ex.3-1 で求めたV(X)やV(Y)，第2章で学んだ分散の性質を利用します。ここでは，XとYが独立であることに注意しましょう。

$$\mathrm{V}\left(\frac{X+Y}{2}\right)=\frac{1}{2^2}(\mathrm{V}(X)+\mathrm{V}(Y))=\frac{1}{4}\times 1{,}800=450$$

したがって，標準偏差は$\sqrt{450}$＝(約)21（万円）となります。

また，**Q1**の後半同様に，$\frac{X+Y}{2}$の分布から標準偏差を求めてもよいでしょう。

$$\sqrt{\mathrm{V}\left(\frac{X+Y}{2}\right)}=\sqrt{(0-10)^2\times 0.81+(50-10)^2\times 0.18+(100-10)^2\times 0.01}$$
$$=(約)21（万円）$$

Ex.3-1 の約束を結ばない場合と比較してみると，各人の損失の標準偏差が30から21へ減少しています。このことは，1人当たりの損失の分布の散らばり具合が小さくなったことを意味しています。各人の損失

図表 3-7 ▶ ▶ ▶ **各人の損失分布（2人でリスクプーリング）**

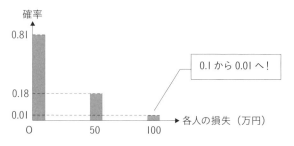

分布を**図表 3-7** でみてみましょう。

Ex.3-1 の**図表 3-4** とは明らかに違います。約束を結ぶことによって，まずパターンが増えて50万円の支払いが新たに出現しています。そして，損失ゼロと100万円の場合の確率が小さくなっています。特に，損失100万円の確率は，0.1から0.01とかなり減じられています。

Q3 プーリングに新たに参加する諏澤君の損失をZとすると，各人の損失は$\frac{X+Y+Z}{3}$と表されます。期待損失は，$\mathrm{E}\left(\frac{X+Y+Z}{3}\right) = \frac{1}{3} \times 30 = 10$（万円）です。また，各人の損失の分散は，$\mathrm{V}\left(\frac{X+Y+Z}{3}\right) = \frac{1}{9} \times 2,700 = 300$であるので，標準偏差は$\sqrt{300} = $（約）17（万円）となります。

各人の期待損失10万円は人数を増やしても変わりませんが，損失の標準偏差は，2人で約束していた**Q2**よりもさらに小さくなっています。各人の損失$\frac{X+Y+Z}{3}$の分布をみてみましょう。**Q1**や**Q2**と同様に，この分布からも期待損失や標準偏差を計算できます（**図表 3-8**，**図表 3-9**）。

図表 3-9のグラフの両端，つまり3人とも無事故あるいは事故を起こす確率がさらに小さくなっています。3人とも無事故の確率は0.729（$=0.9^3$），3人とも事故の確率は0.001（$=0.1^3$）です。

プーリングへの参加者をもっと増やしていくとどうなるでしょうか。勘の良い皆さんは想像がついていることでしょう。結論を先取りしますと，各人の期待損失は，いくら人数を増やしても10万円から変わることはありません。一方，各人の損失の標準偏差は人数増加に伴いどんどん

図表3-8 ▶▶▶各人の損失分布（3人でリスクプーリング）

各人の損失（万円）	0	100/3	200/3	100
確率	0.729	0.243	0.027	0.001

図表3-9 ▶▶▶各人の損失分布（3人でリスクプーリング）

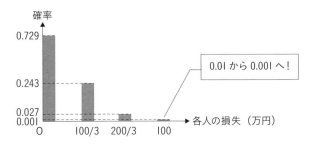

小さくなっていきます。たとえば，4人の場合は15，25人の場合は6，100人の場合は3になります。

ここで，一般的に記述しておきましょう。今，n人の損失をそれぞれX_1, X_2, ..., X_nと表します。X_1, X_2, ..., X_nは互いに独立で同じ分布にしたがうとして，その期待値をμ，分散σ^2とします（nは正の整数，σは正の定数です）。このとき，n人で損失を等分する約束を結ぶならば，各人の期待損失と損失の標準偏差は次のようになります。

$$\text{期待損失}: E\left(\frac{X_1+X_2+\cdots+X_n}{n}\right) = \frac{1}{n} \times n\mu = \mu$$

$$\text{標準偏差}: \sqrt{V\left(\frac{X_1+X_2+\cdots+X_n}{n}\right)} = \sqrt{\frac{1}{n^2} \times n\sigma^2} = \frac{\sigma}{\sqrt{n}}$$

期待損失は人数nにかかわらず一定の値（μ），損失の標準偏差は人数nが増えるにつれて小さくなることがわかります。各人の損失の標準偏差が小さくなること，すなわち散らばり具合が小さくなることを**プーリングによるリスク分散効果**と呼びます。これが保険の原理です。

Ex.3-1では事後に各人が等分金額を支払う状況を考えてきましたが，現実には，事後徴収する方法にはさまざまな問題があります。たとえば，結果的に事故に遭わなかった人の中には，負担額の支払いを拒絶する人も出てくるかもしれません。そこで，解決策の1つとして，事前に負担額を徴収するという考え方があります。事前であるがゆえに，負担額を期待損失に等しく設定することになりますが，ここで新たな問題が生じます。それは，事後的には期待損失と実際の損失の間に差が生じうるということです。しかし，参加人数を増やしていくことによりリスク分散効果が十分に働けば，問題は解消に向かいます。このような仕組みを活用することで，現在の基本的な保険契約が形作られています。この場合，各人の期待損失が純保険料に相当しています。

図表3-10から図表3-12で，参加人数を増やしていった場合の各人の損失の分布を比較してみましょう。

参加者が2人や3人の場合のいびつな形状から，次第に期待損失10万円を頂点とする釣鐘型へと変化していっています。参加人数を増やしていくと，その形状は正規分布と呼ばれる，期待値を中心として左右対称な釣鐘形をした分布に近づいていきます。

ところで，参加人数を増やしていくと，$\frac{X_1+X_2+\cdots+X_n}{n}$は本当に期待値$\mu$に近づき，その分布は正規分布に近づくのでしょうか？　これらに一定の保証を与えてくれる数学の法則と定理があります。1つは**大数の法則**と呼ばれ，純保険料算出の拠り所となるものです。$X_1, X_2, \ldots, X_n$は独立かつ同じ分布にしたがい，その期待値をμ，分散をσ^2とするとき，大数の法則は以下のように表されます。

$$\lim_{n \to \infty} \frac{X_1+X_2+\cdots+X_n}{n} = \mu$$

たとえば，コインを何度も投げることを考えてみましょう。X_iをi回目のコイン投げで表が出れば1，裏が出れば0の値をとる確率変数とすれば，$\frac{X_1+X_2+\cdots+X_n}{n}$は，$n$回投げたうち表が出る頻度を表します。大数の法則は，コイン投げの回数nをどんどん増やしていったときに，その頻度が期待値μ

図表3-10 ▶▶▶各人の損失分布（4人でリスクプーリング）

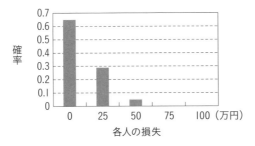

図表3-11 ▶▶▶各人の損失分布（25人でリスクプーリング）

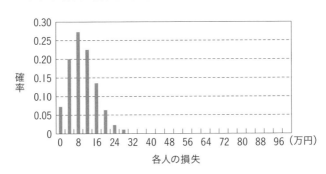

図表3-12 ▶▶▶各人の損失分布（100人でリスクプーリング）

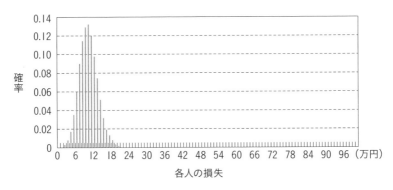

（この場合$\frac{1}{2}$）に近づくことを意味しています。

　もう1つは**中心極限定理**と呼ばれ，図表3-12のように，nが十分大きなとき，平均 $\frac{X_1+X_2+\cdots+X_n}{n}$ の分布は期待値μと分散$\frac{\sigma^2}{n}$をもつ正規分布で近似できることを示しています。ここではいずれも直観的な記述にとどめてい

ますが，関心のある人は証明も含めて巻末の「さらに学びたい人のために」で紹介するようなテキストで学習してください。

　ここまで述べてきた，プーリングによるリスク分散効果を最大限に享受するためには，理想的に次の3つの要素が必要になります。それはリスクの①同質性，②大量性，そして③独立性です。①の同質性とは，約束への参加者1人1人が同じ損失分布に直面していることです。したがって，損失の期待値や標準偏差も同一です。②大量性は，できるだけ多くの人に参加してもらうことです。参加者を増やしていかないとプーリングの効果も発揮されないことは，前述のとおりです。③独立性は，参加者の損失が独立であることです。次節では，この独立性が満たされない場合を扱います。

4　リスクプーリングⅡ
正の相関がある場合

　Ex. 3-2 では，参加者の損失が独立である場合のプーリングによるリスク分散効果を学習しました。この節では，独立の仮定を外し，正の相関がある場合を考察します。損失に正の相関がある場合とは具体的にどのような場合でしょうか。端的な例として地震による損害があげられます。一度大地震が起こると，その損害が甚大であることに加えて，広範囲にわたって同時に損害をもたらすことは想像できるでしょう。では，正の相関がある場合，プーリングによるリスク分散効果はそもそも働くのでしょうか，そして働くとするならばどれほどでしょうか。以下の数値例を通じて，正の相関の影響を把握してもらいます。

Ex. 3-3　例題

伊藤君と根本君の自動車事故による損失の同時確率分布が**図表 3-13**のように与えられるものとします。ここで，伊藤君の損失をW(万円)，根本君の損失をS(万円)と表しています。このとき，以下の問いに答えてください。

図表3-13 ▶▶▶ **WとSの同時確率分布**

S　　W	0	100
0	0.88	0.02
100	0.02	0.08

- **Q1** 伊藤君と根本君それぞれの損失の周辺確率分布を求め，その期待値および標準偏差を求めてください。

- **Q2** 2人の損失の共分散および相関係数を求めてください。

- **Q3** 2人で損失を等分する約束をした場合の，各人の期待損失と損失の標準偏差を求めて，これまでの例題の結果と比較してください。

R to A　　　　　　　　　　　　　　　　　　　　　　　解答と解説

- **Q1** 伊藤君の損失Wの周辺確率は，同時確率分布表を横に足し合わせることによって求められます。つまり，損失ゼロである確率は0.9(=0.88+0.02)，100万円である確率は0.1(=0.02+0.08)です。したがって，Wの周辺確率分布は**図表3-14**のようになります。同様に，根本君の損失Sの周辺分布は**図表3-15**のとおりです。

これらの表からわかるように，各人の周辺確率分布は，Ex.3-1やEx.3-2の登場人物のそれと変わりありません。したがって，期待損

図表3-14 ▶▶▶ **Wの周辺確率分布**

W	0	100
確率	0.9	0.1

図表3-15 ▶▶▶ **Sの周辺確率分布**

S	0	100
確率	0.9	0.1

失や標準偏差も何の約束もしていない Ex.3-1 のQ1やQ2と同一のものです。期待損失はE(W)=E(S)=10(万円)、標準偏差は $\sqrt{V(W)}=\sqrt{V(S)}$=30(万円)となります。

Q2 第2章で学習した**[性質13]** Cov(W, S)=E(WS)-E(W)E(S)を利用してみましょう。同時分布表から、

$$E(WS)=0\times 0\times 0.88+0\times 100\times 0.02+100\times 0\times 0.02$$
$$+100\times 100\times 0.08=800$$

と求められるので、Cov(W, S)=800-10×10=700となります。

また、相関係数は定義から、$\rho_{WS}=\dfrac{\text{Cov}(W,S)}{\sqrt{V(W)}\sqrt{V(S)}}=\dfrac{700}{30\times 30}=$(約)0.78です。これらの結果から、2人の損失の間には正の相関があると言えます。つまり、 Ex.3-2 とは異なり、独立ではありません。

Q3 損失を2人で等分しますので、各人の損失は$\dfrac{W+S}{2}$と表されます。まず、各人の期待損失は、$E\left(\dfrac{W+S}{2}\right)=\dfrac{1}{2}(E(W)+E(S))=\dfrac{1}{2}\times 20=10$(万円)です。この値はこれまでの例題と同じ結果です。

次に各人の損失の分散は、$V\left(\dfrac{W+S}{2}\right)=\dfrac{1}{4}(V(W)+V(S)+2\text{Cov}(W,S))$ $=\dfrac{1}{4}(900+900+2\times 700)=800$となるので、その標準偏差は$\sqrt{800}=$(約)28(万円)と求まります。これは、約束を結んでいない30よりも小さくなっていますが、損失が独立である Ex.3-2 のQ3の(約)21よりは大きな値です。つまり、リスク分散効果は働いているものの、独立の場合よりもその効果の程度は小さいことがわかります。なお、仮に相関係数が1

図表3-16 ▶▶▶プーリングによるリスク分散効果のイメージ

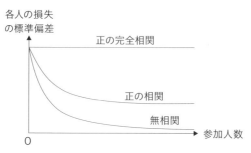

のとき，すなわち正の完全相関のときには，リスク分散効果は全く働きません。この場合，何人で約束を結んだとしても，各人の損失の標準偏差は30のままです。**図表３-16**は，相関ごとにリスク分散効果のイメージを表しています。

5 プーリングからみた保険会社の役割
この章のまとめと発展課題

　この章では，保険の原理と保険料の決定を理解することを目的として，リスクプーリングを通じた各種計算を行ってきました。 Ex.3-1 では，期待損失や標準偏差の計算を実行しました。 Ex.3-2 では，２人で損失を等分する約束を結ぶと，プーリングによるリスク分散効果が働くことがわかりました。また，プーリングへの参加人数を増やしていくと，保険へ接近できる点にも言及しました。 Ex.3-3 では，損失に正の相関がある場合には，リスク分散効果が弱まることを確認しました。

　ここで，リスクプーリングの観点から保険会社の役割を考えてみましょう。この章の例題では，保険料として純保険料部分のみを考察してきました。もちろん誰かが大人数によるプーリングを無償で完璧に管理してくれるのであれば，保険会社も付加保険料も必要ありません。しかし，実際そうはいきません。

　そこで，保険会社はプーリングの管理者としての役割を担うことになり，そのためにはさまざまなコストがかかります。その結果，付加保険料が必要になります。付加保険料の内訳としては，事業にかかるコストと不確実性のコストの２種類があります。前者は，商品開発のコスト，当該保険を流通させるためのコスト，保険料や保険金の授受のためのコスト，損害調査のコストなどの経費および一定の利潤を指します。

　後者の不確実性のコストは，保険料が事前支払であることに起因しています。いくらリスク分散効果を働かせようとしても，現実には不確実な部分が残ります。実務的には，損害保険であれば，純保険料部分は予定損害率など，

付加保険料部分は予定事業費率といった計算基礎を利用して算出されています。これを基礎率といいます。生命保険の保険料算出の際に利用される基礎率にも，同様に「予定」という枕詞が付いています。これは事前に保険料を算出するためであり，事後には実際との差が生じ，予定＜実際という事態も生じかねません。このリスクも管理者である保険会社が負っており，その分保険料に上乗せされているのです。

Column　再保険—保険会社のリスクマネジメント—

　家計や企業にリスクマネジメントの手段を提供している保険会社もまた，自らのリスクマネジメントを行います。その際の手段の1つに再保険があります。再保険とは，保険会社が自己の負担する保険責任の一部または全部を，他の保険会社に移転する仕組みのことをいい，再保険を出すことを出再，再保険を受けることを受再といいます。なお，**図表3-17**のように，保険会社Aが保険会社Bに出再する場合，Aのことを元受会社，Bのことを再保険会社といいます。

　保険会社は，契約時点の期待保険金支払額と実際の保険金支払額との乖離に**直面します**。この乖離は，保有契約の地理的な分散などを通じて，ある程度軽減することが可能です。たとえば，ある地域で台風によって異常損害が発生した場合，その台風の被害とは無関係な地域での保険契約を同時に保有することによって，保険会社全体としては**事業が安定します**。

　ところが，1つの保険会社によって実現可能な地理的分散には限界があります。たとえば，日本の保険会社が日本国内の地震リスクを引き受けたとしても，それを**地球規模で分散**するには，1つの保険会社だけでは難しいでしょう。そこで，複数の保険会社間で同様の機能を実現する仕組みとして，再保険が果たす役割は大きいといえます。グローバル規模でネットワークされる再保険を活用することで，ローカルな保険会社も地球規模での地理的分散の恩恵を享受することができるのです。

図表3-17　▶▶▶再保険の仕組み

Training　解いてみよう

1. 笠原君，勝呂君，園君はそれぞれ自動車を所有しており，同じ車種，同じ運転技術であることから，今年の自動車事故による損失分布は下の表のとおり同一です。また，損失は独立であるものとします。今，この3人で損失を等分する約束を結びました。このとき，各人の期待損失および損失の標準偏差を求めてください。

自動車事故による損失分布

	無事故	小事故	大事故
自動車事故による損失（万円）	0	20	100
確率	0.8	0.15	0.05

2. 同一の建築構造と築年数を持つ近藤邸と西藤邸は隣接しており，この地域に起こる大地震の有無によって，下の表のとおり損害を被るものとします。このとき，両者で損害を等分する約束を結ぶことに意味はあるでしょうか。各邸の損害の標準偏差の観点から判断してください。

地震損害の同時確率分布

近藤邸損害（万円） ＼ 西藤邸損害（万円）	0	5,000
0	0.95	0
5,000	0	0.05

Discussion　議論しよう

わが国の火災保険では，地震などを原因として生じた損害については保険金を支払わなくてもよいとする免責条項があります。このような条項が存在する理由について，リスクプーリングの概念を用いて議論してみよう。

第4章 期待効用仮説と保険市場の限界

Learning Points
▶不確実性下の人々の意思決定基準として期待効用仮説について学びます。
▶リスク回避者がなぜ保険を購入するかについて理解します。
▶保険市場の限界として，逆選択とモラルハザードについて学習します。

Key Words
期待効用仮説　リスク回避者　リスクプレミアム　情報の非対称性
逆選択　モラルハザード

1 リスクと保険の経済学
この章で学ぶこと

　この章では，不確実性下の人々の意思決定基準として期待効用仮説について学びます。最初に期待値基準とその限界について考えます。特に，期待値基準が人々の現実の意思決定をうまく説明できない顕著な例として，有名なサンクトペテルブルグのパラドックスについて検討します。期待値基準が現実の意思決定をうまく説明できない理由は，人々の多くが不確実な状況を好ましく思わないという点を反映していないためです。このような人々の態度のことを**リスク回避性**といいます。このリスク回避性を考慮した意思決定基準として登場する考え方が，期待効用仮説です。

　この意思決定基準では，人々はお金や消費などの大きさそのものではなく，それらから得られる主観的な満足度に応じて意思決定を行うと考えます。この人々の主観的満足度のことを効用といいます。期待効用仮説では，効用の期待値（期待効用）が最も大きくなるように，人々は合理的に意思決定を行うと考えるのです。そこで，次に，期待効用仮説のもとで，なぜ，人々は保険を購入するのかという問題を考えます。

最後に，人々の保険購入が取引として行われる保険市場の問題について検討します。いうまでもなく，保険市場はリスクを処理するメカニズムとして機能することが期待されています。しかし，リスクを引き受けてもらいたいと思う保険契約者（申込者）と，リスクを引き受ける保険会社との間に情報の非対称性が存在するとき，保険の機能を制約する2つの問題が生じます。逆選択とモラルハザードと呼ばれる問題です。

2　不確実性下の意思決定基準

　はじめに，不確実性下における人々の意思決定基準について考えてみましょう。以下の①～③のくじを選択するにあたって，どのような意思決定基準を設ければよいでしょうか。

　　くじ①：必ず（1の確率で）1億円の賞金
　　くじ②：0.5の確率で0円，0.5の確率で2億円の賞金
　　くじ③：0.9の確率で0円，0.1の確率で11億円の賞金

　ここで，まず思いつくのは，賞金額の期待値が最も大きなくじを選択するという基準でしょう。これを，本書では期待値基準と呼ぶことにします。たとえば，くじ②の期待値は，0×0.5＋2×0.5＝1億円です。同様にその他のくじの期待値を計算すると，**図表4-1**のようになります（各自確かめてみましょう）。

　したがって，期待値基準のもとでは，各くじは以下の順で選好されます（ここで，符号「≻」は選好を意味します）。

　　　　　　　くじ③≻(くじ① あるいはくじ②)

　それでは，この期待値ルールは現実の私たちの意思決定を反映しているのでしょうか。おそらく，くじ①とくじ②であれば，多くの人はくじ①を選好

図表4-1 ▶▶▶くじの賞金額の期待値

	くじ①	くじ②	くじ③
期待値	1億円	1億円	1.1億円

するでしょう。しかし，期待値基準では，くじ①とくじ②の間に差異はありません。また，期待値基準ではくじ③のほうがくじ①よりも望ましいにもかかわらず，くじ①を選好する人も少なからずいることでしょう。こうした矛盾をより明確に示すものとして，サンクトペテルブルグのパラドックスと呼ばれる問題があります。

Ex. 4-1　　　　　　　　　　　　　　　　　　　　　　　　　　　　例題

以下のルールのもと，コイン投げのゲームを行います。まず，表が出るまでコインを投げ続けます。そして，表が出た時点でゲーム終了です。そして，初めて表が出るまでに投げた回数によって賞金が決まります。具体的には，1回目で表が出たら$2 (= 2^1, 2の1乗)$円でゲーム終了です。1回目が裏，2回目に表が出たら$4 (= 2^2, 2の2乗)$円でゲーム終了です。したがって，N回目に初めて表が出たときの賞金額は2^N円となります。このようなルールでゲームは行われ，最終的な賞金額が決まります。期待値基準にしたがうとき，このゲームに参加料として支払ってもよいと思う最大金額はいくらでしょうか。

R to A　　　　　　　　　　　　　　　　　　　　　　　　　　　解答と解説

コインを1回投げて表が出る確率は$\frac{1}{2}$，裏が出る確率も$\frac{1}{2}$です。N回目に表が出てゲームが終了するためには，**図表4-2**で示されるように，それまでに$N-1$回裏が出ている必要があります。

図表4-2 ▶▶▶コイン投げ

1回目に表が出て2円の賞金を獲得する確率は$\frac{1}{2}$です。1回目に裏が出て2

回目に表が出て2^2円の賞金を獲得する確率は$(\frac{1}{2})^2$です。したがって，N回目にはじめて表が出て2^N円の賞金を獲得する確率は，$(\frac{1}{2})^N$となります。ここで，このゲームのポイントは表が出ない限り永久にコイン投げが続くということです。このように考えると，このゲームから得られる賞金の期待値は，以下の式からも明らかなように無限大になります。したがって，期待値基準に従って意思決定を行う人は，いくらつぎ込んでもこのゲームに参加したいと思うはずです。

$$2 \times \frac{1}{2} + 2^2 \times \left(\frac{1}{2}\right)^2 + 2^3 \times \left(\frac{1}{2}\right)^3 + \cdots = \infty$$

それでは，皆さんは直感的にこのようなゲームの参加料として大金を支払うでしょうか。ほとんどの人にとって，答えはノーでしょう。これを，サンクトペテルブルグのパラドックスといいます。この問題が示すとおり，期待値基準を仮定すると，現実との間に大きな矛盾が生じてしまいます。その理由としては，ほとんどの人々が，結果が不確実な状況を好ましいとは思わないためです。このような人々のリスク回避性を考慮した意思決定基準として，期待効用仮説があります。

3 期待効用と効用関数

人々はお金や消費などの大きさそのものではなく，それらから得られる満足度に応じて意思決定を行うと考えてみましょう。この人々の主観的満足度のことを**効用**といい，この効用の期待値（**期待効用**）が最も大きくなるように，人々は合理的に意思決定を行うと考えます。この考え方のことを，**期待効用仮説**といいます。なお，お金や消費などの大きさと，それらから得られる効用との対応関係を記述するために定義されるのが，**効用関数**です。以下，Ex.4-2 を通じて，期待効用と効用関数について学習しましょう。

Ex. 4-2

例 題

森君は，学園祭でたこ焼きの販売を企画しており，90,000円の収入を得ることができると予想しています。ただし，学園祭当日に火災事故が起き，途中で販売中止になってしまうと80,000円の損害が発生し，森君の収入は10,000円に減ってしまいます。なお，森君の収入に影響を与える要因としては火災事故のみを想定します。また，過去の統計データから，火災が発生する確率は0.1です。ここで，森君の効用関数が，$U=\sqrt{y}$（yは森君の収入）で表されるとき，以下の問いに答えてください。

Q1 森君の期待収入はいくらでしょうか。

Q2 森君の期待効用はいくらでしょうか。

R to A

解 答 と 解 説

Q1 森君は，各状態（火災の発生の有無）のもと起こる結果（収入90,000円または10,000円：確率変数Lと表します）と，その確率（0.1または0.9）とで表される不確実な状況に直面しています。このとき，森君の期待収入は，82,000円（= 10,000円×0.1 + 90,000円×0.9）です。

Q2 森君の効用関数から，火災発生時の効用は$100(=\sqrt{10,000})$，火災未発生時の効用は$300(=\sqrt{90,000})$，です。したがって，期待効用$E(U(L))$は，

$$E(U(L)) = \sqrt{10,000} \times 0.1 \times + \sqrt{90,000} \times 0.9 = 280$$

と計算できます。

4 個人のリスク回避性と保険

期待効用仮説では，期待効用が最も大きくなるように，人々が意思決定を行うと考えます。ここでは，期待効用仮説のもと，なぜ，人々が保険を購入

Ex. 4-3　例題

学園祭でたこ焼きの販売を企画している森君は，8,000円の保険料を支払うことで，仮に火災が発生した場合には80,000円の保険金を受け取ることができる保険の購入を検討しています。それ以外の条件は Ex. 4-2 と同じです。このとき，以下の問いに答えてください。

Q1 保険購入後の森君が直面する収入を確率変数 L' とします。このとき，期待効用 $E(U(L'))$ を求めてください。

Q2 期待効用仮説にしたがえば，森君はこの保険を購入するでしょうか。

R to A　解答と解説

Q1 保険に入ることによって，森君は，火災発生時には82,000円（＝収入10,000円－保険料8,000円＋保険金80,000円），火災未発生時にも82,000円（＝収入90,000円－保険料8,000円）を得ることができます。つまり，新しい確率変数 L' の分布のもと，期待収入は82,000円（＝82,000円×0.1＋82,000円×0.9）であり，保険未購入時の場合と同額です。期待効用 $E(U(L'))$ を計算すると，

$$E(U(L'))=\sqrt{82,000}\times 0.1+\sqrt{82,000}\times 0.9=(約)286$$

となります。

Q2 保険未購入時の期待効用 $E(U(L))$ と，保険購入時の期待効用 $E(U(L'))$ の大きさを比較すると，それぞれ280（ Ex. 4-2 の**Q2**）と286（ Ex. 4-3 の**Q1**）です。したがって，期待効用仮説にしたがえば，保険購入によってより大きな期待効用を得ることができるので，森君は保険を購入します。

図表 4-3 ▶▶▶ リスク回避者の効用関数

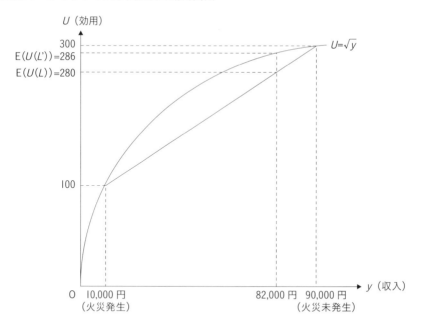

　Ex.4-2 と Ex.4-3 を通して，以下のことが明らかになりました。保険未購入時も保険購入時も期待収入は82,000円で同額ですが，保険購入時には確実（リスクなし）にその金額を実現できます。そして，同じ期待収入であれば，より確実な（リスクの小さい）選択肢のほうが，森君にとっては期待効用が大きいことがわかりました。このように，期待収入が一定であればよりリスクの小さなほうを選好する人のことを**リスク回避者**といいます。逆にいえば，リスク回避者がより大きなリスクを負担する場合には，それに見合った期待収入の増加を要求することになるのです。

　なお，リスクに対する態度としては，この他に効用関数の形状によって，リスク中立者とリスク愛好者を定義することができます。リスク中立者とは，期待収入の大小のみに関心がありリスクには無関心な人のことをいいます。また，リスク愛好者とは，期待収入が一定であればよりリスクが大きい状況を選好する人のことをいいます。皆さんはどれに当てはまるでしょうか？多くの人は，森君同様，リスク回避者ではないでしょうか。

以下では，これまでの議論をグラフで確認しておきましょう。**図表4-3**は横軸に収入，縦軸に効用をとったグラフです。ここに，効用関数$U=\sqrt{y}$が描かれています。実は，このような形状をもつ効用関数こそが，個人のリスク回避性を示しているのです。リスク回避的な個人の効用は，①収入が多くなればなるほど効用は高まること（右上がり），②収入が増えていくにしたがって，収入の増分に対する効用の増分は減少するという特徴をもちます。そして，図からもわかるように，効用関数がこのような形状をしているからこそ，保険購入時の期待効用$E(U(L'))$のほうが，保険未購入時の期待効用$E(U(L))$よりも大きくなる（上方に位置づけられる）のです。

5　確実性等価とリスクプレミアム

　Ex.4-3 では，保険料は8,000円でした。実は，この金額は，保険会社の立場になって考えてみると，保険金支払額の期待値（=80,000円×0.1＋0円×0.9），つまり，純保険料です。現実には純保険料に加えて，保険会社の経費等に相当する付加保険料を上乗せした営業保険料が，人々が実際に支払う保険料になります。以下では，付加保険料を考慮した場合の人々の保険購入の意思決定を検討します。

Ex. 4-4　　　　　　　　　　　　　　　　　　　　　　　　　　　例　題

　学園祭でたこ焼きの販売を企画している森君は，12,000円の保険料を支払うことで，仮に火災が発生した場合には80,000円の保険金を受け取ることができる保険に入ることを検討しています。それ以外の条件は Ex.4-2 と同じです。このとき，以下の問いに答えてください。

── **Q1**　期待効用仮説のもと，森君はこの保険を購入するでしょうか。

── **Q2**　森君は付加保険料がいくらまでならば，保険を購入するでしょうか。

R to A

解答と解説

Q1 営業保険料が12,000円（付加保険料が4,000円）のとき、保険購入後の森君が直面する収入を確率変数 L'' とします。この新しい確率変数 L'' の分布のもと、期待効用 $E(U(L''))$ を計算すると、

$$E(U(L'')) = \sqrt{78,000} \times 0.1 + \sqrt{78,000} \times 0.9 = (約) 279$$

となります。したがって、保険未購入時の期待効用 $E(U(L''))$ よりも保険購入時の期待効用 $E(U(L''))$ のほうが小さいので、期待効用仮説にしたがえば、森君は保険を購入しません。

Q2 この問題を考えるにあたって、はじめに、確実性等価という考え方を紹介しましょう。**確実性等価**とは、不確実な収入から得られる期待効用と同水準の効用をもたらす確実な収入の大きさのことをいいます。本問の場合、保険未購入時の期待効用 $E(U(L))=280$ と同水準の効用を確実に実現できる収入であり、効用関数 $U=\sqrt{y}$ において、$U=280$ を代入することで求められる $y=78,400$円に他なりません。つまり、90,000円の収入と確実性等価78,400円の差額である11,600円までであれば、保険購入のインセンティブがあります。したがって、付加保険料が3,600円（=営業保険料11,600円－純保険料8,000円）までであれば、森君は保険を購入します。

このように、不確実な収入を避けて確実な収入を得るためにリスク回避者が支払ってもよいと考える最大の金額のことを、（理論上の）**リスクプレミアム**といいます。保険の文脈で言えば、リスクプレミアムとは、支払ってもよいと考える付加保険料の最大額のことをいいます。**図表４－４**で説明すると、保険未購入時の期待収入82,000円（=10,000円×0.1＋90,000円×0.9）、つまり、不確実な収入と、その場合の期待効用（280）と同水準の効用をもたらすための確実な収入額78,400円（確実性等価）との差額として、リスクプレミアムを理解することができます。

図表 4-4 ▶▶▶ 確実性等価とリスクプレミアム

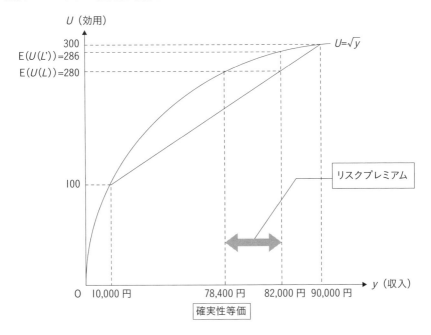

6 情報の非対称性

　保険会社と保険契約者（申込者）との間に情報の非対称性が存在するとき，保険の機能を制約する2つの問題が生じます。逆選択（Adverse Selection）とモラルハザード（Moral Hazard）です。

　2つの経済主体の間で一方が他方よりも情報を多く有している場合，両者の間に**情報の非対称性**が存在するといい，相対的に多くの情報を有している人のことを情報優位者，より少ない情報しかもたない人のことを情報劣位者といいます。情報の非対称性は契約関係締結のタイミングによって2つのタイプに分けられます。第1のタイプは，契約締結前の情報に関する非対称性です。たとえば，医療保険にこれから申し込もうとする人の健康状態などです。これが逆選択を引き起こす原因となります。第2のタイプは，契約締結

後の情報に関する非対称性であり，情報優位者にとって操作可能なものです。たとえば，自動車保険加入後の運転手の安全運転度合いなどです。これがモラルハザードを引き起こす原因となります。

7 逆選択

保険の取引において，通常，保険申込者はみずからのリスクをよく知っており，保険会社は個々の加入者のリスクを十分に識別することができません。たとえば，入院や手術の際に保険金が支払われるような医療保険の場合，保険申込者はみずからの健康状態をよく知っていますが，保険会社はそれを完全には知りえないという状況にあります。つまり，ここには，健康状態に関する情報の非対称性が存在し，保険申込者は情報優位者であり，保険会社は情報劣位者の立場にあります。

Ex. 4-5 例 題

保険金額100万円のガン保険を考えます。いま，健康状態の良いグループと悪いグループがそれぞれ1万人います。健康状態の良いグループの疾病率は0.2％，健康状態の悪いグループの疾病率は0.8％です。また，各グループに属する人は自らの健康状態を正確に理解しています。その一方で，保険会社は個々の保険申込者の健康状態を正確に識別することはできませんが，過去の統計データから全体の平均的な疾病率は知っています。このとき，以下の問いに答えてください。なお，付加保険料は無視してください。

Q1 保険会社によって設定される平均的な保険料はいくらになりますか。

Q2 健康状態の悪いグループに属する人は保険に入りますか。

Q3 健康状態の良いグループに属する人は保険に入りますか。

R to A

解答と解説

Q1 保険会社によって設定される平均的な疾病率を計算すると，0.5％（＝（1万人×0.2％＋1万人×0.8％）／（1万人＋1万人））です。したがって，保険会社が設定する平均的な保険料は5,000円（＝100万円×0.5％＋0円×99.5％）となります。

Q2 健康状態の悪いグループに属する人にとって，損失の期待値は8,000円（＝100万円×0.8％＋0円×99.2％）なので，5,000円という保険料は割安だと感じるでしょう。割安だと感じた健康状態の悪い人々は，みずから進んで保険に入ろうとするでしょう。

Q3 健康状態の良いグループに属する人にとって，損失の期待値は2,000円（＝100万円×0.2％＋0円×99.8％）なので，大半の人は，5,000円という保険料を割高だと感じるでしょう。割高だと感じた健康状態の良い人々は，みずから進んで保険に入ろうとしません。

Ex. 4-5 を通じて明らかになったことは，健康状態の悪いグループに属する人々は，進んで保険に加入しますが，健康状態の良いグループに属する人々の大半は加入しないことになります。その結果，保険市場における平均的な疾病率は悪化し，平均的な保険料も上昇します。こうした保険料の上昇は，同様のプロセスを経ることにより，保険申込者の平均的な質（この場合，健康状態）をさらに悪化させてしまいます。このようなプロセスが次々と繰り返されることによって，最終的には最も健康状態の悪い人だけが市場にとどまることになります。その結果，保険市場が成立しなくなってしまいます。

このような現象のことを，**逆選択**といいます。逆選択が意味することは，情報の非対称性を放置すると，市場がみずからの力で資源を効率的に配分することに失敗してしまうということです。つまり，**市場の失敗**が生じ，社会的に望ましくない状態に陥ってしまうのです。

逆選択という社会的に望ましくない状態の改善策として，強制保険，シグ

ナリング，スクリーニングといった3つの考え方が提唱されてきました。**強制保険**では，保険申込者の自発的行動が制限されます。すなわち，ある種の強制力をもって，平均的な保険料ですべての保険申込者を加入させてしまうのです。その結果，リスクの低いグループに属する人も，みずからのリスクに照らして割高感という不満をもつものの，保険取引に応じざるを得ません。これにより強制的に逆選択を防ぐのです。なお，いうまでもなく，強制保険には，強制力を正当化するための規範とそれを行使する主体（たとえば政府のような存在）が必要となります。したがって，この方法によって逆選択に対処することができるのは，健康保険制度のように，政策的な立場から設けられる保険制度に限られます。

　それでは，強制保険という手法以外で逆選択を抑制するための対処策にはどのような考え方があるのでしょうか。そもそも，逆選択の原因は保険市場における情報の非対称性の存在でした。したがって，何らかの方法によって，この情報の非対称性を緩和することができれば，おのずと逆選択の問題も軽減されます。このような考え方として提唱されてきたのが，シグナリングとスクリーニングです。

　シグナリングとは，情報優位にある側が，みずからの品質を代表する何らかのシグナルを，情報劣位にある側に対して表明することで，みずからを他のタイプと差別化する行動をいいます。これは，情報の非対称性の問題について，情報優位にある側から自発的に対処することによって，逆選択の問題を軽減しようという考え方です。たとえば，自動車のゴールド免許を提示することによって，みずからが自動車事故のリスクが低いドライバーであることを表明することなどがあげられます。

　これに対して，**スクリーニング**とは，情報劣位にある側が，情報優位にある側にその私的情報を明らかにするように促す行動のことをいいます。ここで，**私的情報**とは，一部の人（たち）しか知らないが，すべての関係者の意思決定に影響を及ぼすような情報のことをいいます。情報劣位者は，複数の選択肢を情報優位者に対してあらかじめ提示することで，私的情報を有する側から自発的にみずからの属性やリスクのタイプを明らかにさせるのです。

たとえば，情報劣位にある保険会社が，保険料は高いが損失が全額補償されるような全部保険と，保険料は安いが損失の一部しか補償されないような一部保険といった2種類の保険契約を提示します。

このとき，リスクの高い保険申込者は，自らが保険事故に遭遇する可能性が高いと考えるので，多少保険料が高くても全額補償されたほうがよいと思い，前者の契約に応じます。他方，リスクの低い保険申込者は，自らが保険事故に遭遇する可能性は低いと考えるので，補償が部分的であったとしても，少しでも安い保険料のほうがよいと思い，後者の契約に応じます。このようなスクリーニングの原理が働くため，保険会社は，情報優位者の行動を観察することにより，リスクの異なる保険申込者を識別することができるのです。

8 モラルハザード

保険契約が締結されると，保険契約者が保険事故を起こさないようにする努力を怠ってしまうことがあります。というのも，保険会社は常に保険契約者の行動をモニタリング（監視）することができないからです。このような契約締結後の情報の非対称性を原因とするインセンティブ上の問題のことを，**モラルハザード**といいます。

自動車保険（車両保険）を例に考えてみましょう。本来であれば，高額な修理費負担を気にして，みずからの運転に細心の注意を払うでしょう。ところが，一旦，保険に加入すると，万が一事故が発生したとしても，修理費の全部または一部について，金銭的な補償を受けることができます。そのため，保険未購入時と比べて，注意を怠るようになり，自動車事故の発生確率は当初の想定よりも高くなりがちです。その結果，保険未購入時に想定されていた保険料が，実際の事故率よりも割安なものとなってしまい，保険会社は損失を被ります。このような事態が繰り返されると，いずれ，保険会社は保険の引き受けを躊躇するようになり，保険市場が成立しなくなります。

それでは，どのような対処策が考えられるのでしょうか。そもそも，モラ

ルハザードは，保険契約者（情報優位者）の契約後の行動を，契約締結後に保険会社（情報劣位者）が十分にモニタリングできないために生じていました。そこで，契約締結後の情報の非対称性を緩和するべく，保険契約者の行動を**モニタリング**することが，モラルハザードへの対処策として考えられます。

たとえば，車体に装着し常時，私たちの運転行動を把握可能な端末の開発や，こうした端末からのデータを活用した自動車保険商品（テレマティクス保険）が販売されています。そこでは，保険会社が自動車に装着した端末を利用して，保険契約者の日々の運転行動データを入手し，事故リスクを引き下げるような運転行動をとった人に対しては，保険料に反映するという仕組みが導入されています。もちろん，モニタリングにはコストがかかるので，そのコストと便益を勘案してモニタリングの水準を決定しなければなりませんが，テレマティクス保険の端末など新たな技術革新は保険のあり方にも重要な影響を及ぼすと考えられます。

ところで，モニタリングではなく，保険会社（情報劣位者）と保険契約者（情報優位者）との利害をある程度一致させるような仕組みを契約に内在化させるという考え方もあります。実は，モラルハザードが生じるための条件として，契約後の情報の非対称性に加え，当事者間の利害の不一致という点が暗黙に仮定されていました。というのも，当事者間の利害が一致していれば，情報優位者による隠された行動は，情報劣位者にとって不利な行動にはならないからです。

この点に着目すると，保険会社と保険契約者間の**リスク・シェアリング**（リスク負担の構造）をうまく設計するという考え方が生まれてきます。実際，保険実務の世界では，損失の一定割合を保険契約者に負担させる**一部保険**や，ある一定金額の損失までは保険契約者が負担する**免責金額**，ある一定金額以上の損失については保険会社が負担しないという**填補限度額**の方法などが考案されてきました。

これら以外にも，実務的には，保険契約者の過去の損失経験を反映して保険料率が決定される**経験料率**という仕組みも活用されています。たとえば，

自動車保険の場合，ある年度に事故を起こし保険金を受け取ると，翌年度の保険料が大幅に高くなります。そこで，こうした仕組みを知っている保険契約者は，次年度の保険料負担をより少なくするために，現在の運転に細心の注意を払おうというインセンティブが働きます。つまり，将来の保険料が現在の行動に依存することを知っている保険契約者（情報優位者）と保険会社（情報劣位者）の利害が概ね一致することによって，モラルハザードの問題は軽減されるのです。

9 期待効用仮説に対する反証と行動経済学
この章のまとめと発展課題

　この章の前半では，不確実性下の人々の意思決定基準として期待効用仮説について学びました。はじめに，Ex.4-1 では，期待値基準とその限界を確認し，期待値基準が現実の意思決定をうまく説明できない理由として，人々がもつリスク回避性という性質を確認しました。

　そのうえで，こうした人々のリスク回避性を考慮した意思決定基準について考えるために，Ex.4-2 では，期待効用仮説という意思決定基準を紹介しました。Ex.4-3 では，この期待効用仮説のもとで，人々の保険購入行動を理解するとともに，Ex.4-4 では，付加保険料の大きさ次第では，人々の保険購入を制約する可能性についても確認しました。

　この章の後半では，保険市場の限界として，逆選択とモラルハザードという2つの問題について学習しました。情報の非対称性を放置すると，市場がみずからの力で資源を効率的に配分することに失敗してしまうこと，つまり，市場の失敗が生じ，社会的に望ましくない状態に陥ることを理解してもらいました。特に，逆選択のメカニズムに関しては，Ex.4-5 において，簡単な数値例を用いて理解を深めてもらいました。そのうえで，これらの2つの問題への対処策としてどのような考え方が有効であるかを検討しました。具体的には，逆選択への対処策としてのシグナリングやスクリーニング，モラルハザードへの対処策としてのモニタリングやリスク・シェアリングといった

一連の考え方を学習しました。

　この章で学んだ期待効用仮説は，不確実性下の意思決定基準としては，現在でも有力な考え方です。しかしながら，期待効用仮説に対する反証が次々と投げかけられてきたのも事実です。とりわけ，行動経済学という分野では，伝統的な期待効用仮説に対して多くの示唆が提示されています。

　たとえば，人々が変動性ではなく損失そのものを嫌っているという考え方―**損失回避**という概念―も提案されてきました。実際，いくつかの研究では，損失回避が人々の合理的な行動にゆがみを与えてしまうことを実験によって確認しています。人々は損失を重大視するあまり非合理的な意思決定を行ってしまう可能性があるのです。これは**反転効果**としても知られていて，人々が損失に過大な関心をもっているため，儲けの領域ではリスク回避者ですが，損失の領域ではリスク愛好者になるといった考え方です。

　こうした考え方の基礎をつくったのは，カーネマンとトヴァスキーという研究者です。彼らによって提唱された**プロスペクト理論**は注目を浴びている理論でもあり，こうした業績によって，カーネマンは2002年にノーベル経済学賞を受賞しています。

Discussion　　　　　　　　　　　　　　　　　　　　議論しよう

　身の周りにある出来事で，逆選択やモラルハザードに該当しそうな出来事を探してみよう。

第5章 デリバティブと代替的リスクファイナンス

Learning Points
- ▶デリバティブの基本的な仕組みと，そのリスクヘッジ機能を理解します。
- ▶オプション価格決定の理論的な考え方を学習します。
- ▶保険に代替的なリスクファイナンスの手法として，キャプティブ，保険デリバティブ，カタストロフィ・ボンドの概要を理解します。

Key Words

デリバティブ　先渡し　先物　オプション
オプション価格（オプション・プレミアム　オプション料）　キャプティブ
保険デリバティブ　カタストロフィ・ボンド（CATボンド）
ベーシス・リスク

1 デリバティブによるリスクヘッジ
この章で学ぶこと

　この章では，保険とともに，リスクマネジメントの手法として特に重要なデリバティブについて，先渡し，先物，オプションを取り上げ，その特徴と基本的な仕組みを学習します。そのうえで，企業が直面する価格リスクをヘッジするにあたって，なぜデリバティブが有効なのかについて，例題を通じて理解します。まず，先渡し，先物およびオプションによるリスクヘッジの効果を学習します。また，オプションについては，その価格が理論的にどのようなメカニズムで決まるのかについても学びます。

　ところで1980年代半ばの保険危機や，1990年代以降に相次いだハリケーンや大地震の影響により，米国では，企業向け保険料率が乱高下する現象がみられました。こうしたなか，保険以外のリスクファイナンス手法を積極的に活用しようという動きが，大企業を中心にみられるようになりました。そこ

で，この章の最後では，保険に代替的なリスクファイナンス手法のうち，代表的なものとして，キャプティブ，保険デリバティブ，カタストロフィ・ボンド（CATボンド）の概要に触れたいと思います。

2 デリバティブ

デリバティブ（Derivatives）とは，その価格が，農作物や商品，債券，株式，通貨，金利など，取引の対象になる資産（**原資産**）の価値に依存して決定される契約のことをいいます。主なデリバティブには，先渡し，先物，オプションがあります。

先渡し（Forward）とは，対象となる原資産を，あらかじめ定められた将来時点（**満期**）に，あらかじめ定められた価格（**先渡し価格**）と数量で取引する契約です。先渡しは，もともと，農作物のように天候によって価格が変動する商品について，その価格リスクをヘッジする手段として考え出されたものです。いま，農家と商人の二者がいるとしましょう。農家は農作物を生産し，商人は農作物を仕入れてお客さんに販売します。ここで重要なことは，農作物が収穫され，その価格が決まるのは将来のことだという点です。

さて，農家が将来の収穫期の豊作を予想する状況を考えてみましょう。豊作になれば，農作物の値段は下がります。そこで，収穫を待たずして現在の農作物の値段で売りを確定しておきたいと思う農家もいるかもしれません。その一方で，商人は，予想外の不作で農作物の値段が上がるかもしれないので，収穫を待たずして，現在の農作物の値段で買いを確定しておきたいと思うかもしれません。このような場合，農作物の売買価格を，農家と商人との間で今のうちに確約しておけば，将来の収穫時に決まる実際の農作物の価格（**現物価格**）にかかわらず，お互いのニーズは満たされることでしょう。まさに，これが先渡しの考え方です。

このような先渡しを進化させたものとして，先物があります。**先物**（Futures）も，対象となる原資産を，あらかじめ定められた将来時点（満期）

に，あらかじめ定められた価格（**先物価格**）と数量で取引する契約であり，基本的に先渡しと同じです。ただし，先物には，契約時点から満期まで，日々の取引終了後に，取引所において，先物契約のみから得られた損益（以下，ペイオフ）を評価（**値洗い**）するという独特の清算の仕組みがあります。

　もともとは，農作物の生産や消費に直接かかわっている者だけが先渡しの取引に参加していましたが，そのうち，リスクヘッジ目的ではない人も，取引に参加するようになってきました。彼らは，投機を目的として，農作物の価格が将来値上がりすると予想すれば，買建ての先渡しを実行し，逆に，農作物の価格が将来値下がりすると予想すれば売建ての先渡しを実行しました。

　このような投機的取引が活発に行われるようになると，満期時に農作物の受渡しと現金の授受による清算を同時に行うことが不便になってきます。そこで，将来のある時点での農作物の売買を約束しても，実際には農作物自体の売買を実行せずに，売買の差益ないしは差損のみを現金で授受することによって，清算が行われるようになったのです。これが値洗いです。

　このような先物に独特の仕組みのもと，先物の売り手と買い手の双方は，契約約定時に，取引単位ごとに一定の**証拠金**を，取引所に預け入れることが必要になります。その後は，日々の値洗いによって，証拠金の残高が調整されることになります。このような仕組みによって，先物は，取引参加者の信用リスクの軽減や取引の流動性を向上することに成功しているのです。

　先渡しや先物と同じく，主要なデリバティブの1つに，オプションがあります。**オプション**（Option）とは，対象となる原資産を，あらかじめ定められた将来時点（満期）や一定期間内に，あらかじめ定められた価格（**権利行使価格**）で売買する権利を取引する契約です。オプションは権利の取引ですから，買う権利と売る権利の2つのパターンを考えることができ，買う権利の取引のことを**コール・オプション**，売る権利の取引のことを**プット・オプション**といいます。

　オプション契約は，権利の売買という点にその特徴があるため，権利の購入者は，先渡しや先物と異なり，満期時など将来の原資産の価格（現物価格）が確定したタイミングで，権利行使か放棄かの意思決定が可能となります。

みずからにとって有利だと思えば，権利を行使すればよいですし，不利だと思えば，権利は捨ててしまえばよいのです。その一方で，権利の売却者は，対象となる原資産の価格リスクを負担することになります。したがって，オプションの契約時点で，リスク負担の対価を要求します。そして，この対価のことを**オプション価格（オプション・プレミアム，オプション料）**といいます。

デリバティブの利用目的には，①リスクヘッジ，②投機，③裁定取引の3つがあります。リスクヘッジ目的と投機目的については，すでに述べたとおりですが，これらに加えて，裁定取引を目的として，デリバティブが利用されることもあります。**裁定取引**とは，複数の市場の取引に同時に参加することによって，リスクなしに利益を確定することができる取引のことをいいます。なお，デリバティブの利用等によって，裁定取引が繰り返し行われることで，いずれは裁定取引の機会が消滅してしまいます。

3 先渡し，先物による価格リスクのヘッジ

ここでは，先渡しや先物を利用したリスクマネジメントの効果について，価格リスクのヘッジという観点から，例題を通じて理解を深めましょう。

Ex. 5-1 例題

中村さんは，1杯250円という低価格で，良質の小麦粉を使用したうどん屋を創業することを計画中です。創業にあたって，現在，主材料の小麦粉1年分を大量に仕入れるとともに，年度末に一括して代金の支払いを行うことを考えています。うどん1杯の原価は，主材料である小麦粉代が100円，その他諸々の経費が合計100円と見積もっています。つまり，この原価構成を維持できる限り，中村さんは1杯当たり50円の利益を得ることができます。

Q1 年度末の小麦粉の価格(うどん1杯当たり，以下同様)とその年度の中村

さんの利益との関係(ペイオフ図)を描いてください。なお，横軸は年度末の小麦粉価格，縦軸は中村さんの利益とします。また，小麦粉以外の諸経費は一定と仮定します。

Q2 中村さんの悩みの種は，年度末の小麦粉価格の動向です。価格が予想以上に上昇してしまうと，利益は小さくなり，場合によっては赤字に転落してしまいます。問題に直面した中村さんは，小麦粉を生産・販売している加藤さんに連絡を取りました。実は，加藤さんも，将来の小麦粉価格の変動に大きな悩みを抱えていたのです。予想以上に価格が下落してしまうと，生産・販売者としての利益が大きく目減りしてしまうからです。そこで，中村さんは加藤さんと次のような先渡しの契約を交わしました。「年度末の小麦粉価格がいくらになったとしても，その時点で必ず100円(うどん1杯換算)で小麦粉を買います。」このとき，この先渡しのみから生じる中村さんのペイオフ図を描いてください。

Q3 Q2のような先渡しの契約を結んだあとの，年度末の小麦粉の価格とその年度の中村さんの利益との関係(ペイオフ図)を描いてください。

R to A　　　　　　　　　　　　　　　　　　　　　　　解 答 と 解 説

Q1 年度末の小麦粉価格が高くなればなるほど，利益を圧迫し，ちょうど小麦粉価格が150円を超えると赤字に転落します。逆に，小麦粉価格が下落すれば，利益は増加します。たとえば，小麦粉価格が50円のとき，利益は100円になります。したがって，**図表5-1**のような右下がりの直線を描くことができます。

図表 5-1 ▶▶▶中村さんのペイオフ（ヘッジなし）

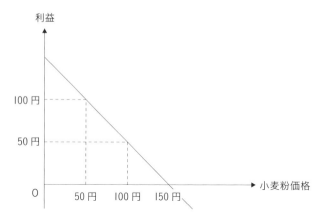

Q2 　たとえば，年度末の小麦粉価格が150円に値上がりした場合には，中村さんは100円の先渡し価格でそれを購入できるので，50円の利益となります。逆に，小麦粉価格が50円に値下がりした場合には，中村さんは100円でそれを購入しなければならないので，この先渡しから50円の損失が出ます。こうした小麦粉価格を横軸にとれば，先渡しのみから生じる中村さんのペイオフ図は，**図表5-2**のような右上がりの直線になります。

　なお，今回，中村さんは「買う約束」をしていました。このような場

図表 5-2 ▶▶▶先渡しのみから生じるペイオフ

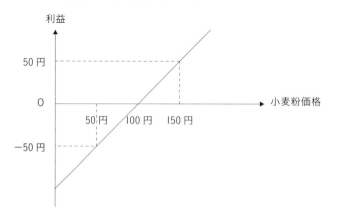

合,「**ロングポジション**をとる」と表現します。他方,加藤さんは,「年度末の価格がいくらになったとしても,その時点で必ず100円(うどん1杯換算)で小麦粉を売ります」という先渡しをしていますので,このような場合,「**ショートポジション**をとる」と表現します。

Q3 ①うどんビジネスから得られる中村さんのペイオフ(**Q1**)に,②加藤さんと契約した先渡しのみから得られるペイオフ(**Q2**)を加えることで,③先渡しの契約を結んだ後の中村さんのペイオフになります。**図表5-3**は,年度末の小麦粉価格に対応した①,②,③の関係を示しています。

図表5-3 ▶▶▶**先渡しによるリスクヘッジの効果**

小麦粉価格	①	②	③(=①+②)
50円	100円	−50円	50円
100円	50円	0円	50円
150円	0円	50円	50円

したがって,中村さんの最終的なペイオフ図は,**図表5-4**のように,年度末の小麦粉価格の変動の影響を受けない水平な直線になります。

このように,先渡しを活用することで,価格リスクのヘッジを行うことができるのです。

図表5-4 ▶▶▶**中村さんのペイオフ(先渡しによるヘッジあり)**

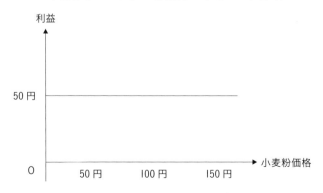

4 オプションによる価格リスクのヘッジ

ここでは、オプションを利用したリスクマネジメントの効果について、価格リスクのヘッジという観点から、例題を通じて理解を深めます。

Ex.5-2 例題

しばらくして、中村さんは、先渡しのみから得られるペイオフについてじっくり考えてみたところ、安定的な価格での購入には成功したものの、何か心残りを感じました。その心残りとは、年度末の小麦粉価格が予想に反して安くなった場合、たとえば、50円に下落した場合でも、加藤さんとの約束があるので、100円で購入しなければならないという点でした。こうしたなか、中村さんは、商社を営む大橋商店から次のようなコール・オプションの契約提案を受けました。「年度末の価格がいくらになったとしても、その時点で100円（うどん1杯換算）で全く同じ小麦粉を購入する権利を買いませんか。ただし、その権利を現時点で、5円で買ってください。」

- **Q1** このとき、このコール・オプションのみから生じる中村さんのペイオフ図(オプション料を考慮)を描いてください。

- **Q2** Q1のようなコール・オプションの契約を結んだあとの中村さんのうどんビジネスから得られるペイオフ図を描いてください。

R to A 解答と解説

- **Q1** たとえば、年度末の小麦粉価格が150円に値上がりした場合には、中村さんは100円の権利行使価格でそれを購入できるので、50円の利益となります。逆に、価格が50円に値下がりした場合には、中村さんは権利放棄をすればよく、その場合は、年度末の現物価格50円で小麦粉を購入すればよいので、ペイオフはゼロです。ただし、年度末の小麦粉価格とは無関係に、中村さんは5円のオプション料を事前に支払っていますので、年

図表 5-5 ▶▶▶権利行使とペイオフ（オプション料を考慮）

価格	権利行使	(1) ペイオフ	(2) オプション料	(3) (=(1)+(2))
50円	しない	0円	－5円	－5円
100円	どちらでもよい	0円	－5円	－5円
150円	する	50円	－5円	45円

図表 5-6 ▶▶▶オプションのみから生じるペイオフ（オプション料を考慮）

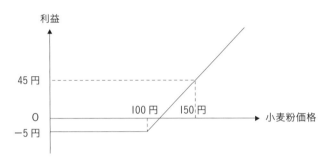

度末の小麦粉価格と中村さんのペイオフは**図表5-5**のようになります。

したがって、さまざまな小麦粉価格を横軸にとれば、オプションのみから生じる中村さんのペイオフ図は**図表5-6**のようになります。

Q2 ①うどんビジネスから得られる中村さんのペイオフ（ Ex.5-1 Q1）に、②大橋商店と契約したオプションのみから得られるペイオフ（ Ex.5-2 Q1）を加えることで、③オプションの契約を結んだ後の中村さんのペイオフになります。**図表5-7**は、年度末の小麦粉価格に対応した①、②、③の関係を示しています。

このように、中村さんの最終的なペイオフ図は、**図表5-8**のように、小麦粉価格が権利行使価格100円を超える水準まで上昇した場合には、45円で一定の水平な直線になります。その一方で、先渡しや先物の場合と違って、小麦粉価格の下落によって得られる利益も確保することができています。

図表 5-7 ▶▶▶ オプションによるリスクヘッジの効果

小麦粉価格	①	②	③ (=①+②)
50円	100円	−5円	95円
100円	50円	−5円	45円
150円	0円	45円	45円

図表 5-8 ▶▶▶ 中村さんのペイオフ（オプションによるヘッジあり）

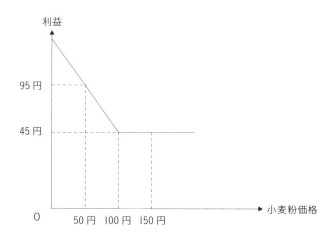

5　オプション価格の評価

Ex.5-2 では，中村さんはオプション料をあらかじめ支払って，コール・オプションを購入しました。それでは，このオプション料は，理論的には，どのような考え方のもとで決まるのでしょうか。例題を通じて，この点を検討してみましょう。

Ex. 5-3　例題

現在の小麦粉価格を100円とし，この価格が年度末に110円に上昇するか，90円に下落するかのどちらかしか起こらないとしましょう。ここで，年度末を満期

とするコール・オプションの権利行使価格を100円とします。また，この間の無リスク利子率(元本が確実に保証される資産から得られる利回り)は，1％です。このとき，以下の問いに答えてください。

— Q1　現在，小麦粉をx単位購入するとともに，小麦粉を原資産とするコール・オプションを1単位売ることでポートフォリオ（資産の組み合わせ）を作ることを考えます。このとき，満期におけるポートフォリオの価値が，原資産である小麦粉の価格変動の影響を全く受けないようにするためには，小麦粉を何単位購入すればよいでしょうか。

— Q2　オプション料をC円とおくとき，Q1で考えたポートフォリオを作るために必要な現在の資金はいくらですか。

— Q3　Q2で求めた必要資金額を，年度末まで無リスク利子率で運用すると，確実に一定の金額を得ることができます。裁定取引の機会がない状況を仮定するとき，理論的に，オプション料はいくらになりますか。

R to A　　　　　　　　　　　　　　　　　　　　　解答と解説

— Q1　まず，原資産である小麦粉価格が110円に上昇した場合を考えてみましょう。本問では，コール・オプションを1単位売っているので，10円の損失が生じます。したがって，満期のポートフォリオの価値は，原資産である小麦粉の価値とコール・オプションから生じる価値の合計なので，$110x-10$（円）になります。他方，原資産である小麦粉価格が90円に下落した場合を考えてみましょう。このとき，コール・オプションは権利行使されないので，満期のポートフォリオの価値は，$90x$（円）になります（**図表5-9**）。

　ここで，満期におけるポートフォリオの価値が，原資産である小麦粉の価格変動の影響を全く受けないようにするためには，$110x-10=90x$が成り立つようなxを決めてあげればよいということになります。これを解けば，$x=0.5$となります。

図表 5-9 ▶▶▶ 原資産とオプションのペイオフ

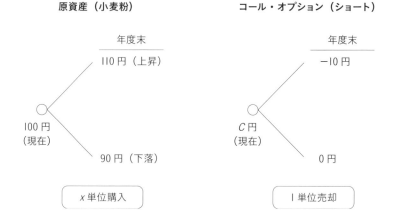

小麦粉を0.5単位購入するとともに，コール・オプションを1単位売ることで，原資産の価格変動（本問の場合，110円になるか90円になるかの2パターンのみを仮定）の影響を受けることなく，常に，45(= 110×0.5－10あるいは90×0.5)円のポートフォリオの価値を得ることができます。すなわち，価格リスクのヘッジが効いたポートフォリオ(ヘッジ・ポートフォリオ)を作ることができるのです。

Q2 小麦粉の現在の価格は100円なので，それを0.5単位購入するためには50円(=100円×0.5単位)が必要です。他方，コール・オプションを1単位売っているので，オプション料C円の収入があります。したがって，ヘッジ・ポートフォリオをつくるために必要な資金は，$50-C$(円)になります。

Q3 $50-C$(円)を無リスク利子率1%で運用すると，年度末に，確実に$50.5-1.01C(=(50-C)\times 1.01)$を得ることができます。他方，**Q1**と**Q2**からも明らかなように，$50-C$(円)を，ヘッジ・ポートフォリオを作ることで運用すれば，年度末には，確実に45円を得ることができます。

本問では，裁定取引の機会がない状況を考えていますので，現時点で同一のキャッシュフローをもたらす複数の投資案は，将来においても同

一の価値でなければなりません。そうでなければ，必ず裁定取引が発生して，そのような歪みは解消されてしまいます。したがって，以下の等式が成り立ちます。

$$50.5 - 1.01C = 45$$

したがって，コール・オプション料 $C=$（約）5.45（円）となります。

このようなメカニズムでオプション価格の理論値は決定されるのです。今回の例題では，簡単化のため，原資産（小麦粉）の価格が110円に上昇するか，90円に下落するかといった２つのパターンしか考えていませんでした。このような単純なモデルのことを，２項モデルといいます。もちろん，実際には，現在100円の小麦粉価格が年度末にとりうる価格は，無数にあるはずです。しかしながら，本問を通じて学んだ，オプションの価格に影響を与える重要な要因に変わりはありません。すなわち，無リスク利子率（１％），権利行使価格（100円），現在の原資産価格（100円），満期（年度末），原資産の価格の変動幅（110円と90円の幅）といった要因が，オプションの価格を決定するうえで重要な役割を果たしているのです。

6 代替的リスクファイナンス

リスクファイナンス手法の多くは，欧米先進国，とりわけ，米国を中心に発展してきました。特に，1980年代半ば，賠償責任訴訟の急増と賠償額の高騰により保険会社は大規模な損失を被りました。これにより，賠償責任保険の入手が困難となり，保険料も高騰し，保険カバーの供給が需要に追いつかないという事態が発生しました（保険危機）。1990年代に入ると，米国を相次いで襲ったハリケーンや大地震の影響により，保険会社の経営が一層困難となり，特に，企業向け保険料率が乱高下する現象がみられました。こうしたなか，保険以外のリスクファイナンスを積極的に活用しようという動きが，

特に大企業を中心にみられるようになりました。

　ここでは，代替的リスクファイナンスのうち，代表的なものとして，キャプティブ，保険デリバティブ，カタストロフィ・ボンド（CATボンド）の概要に触れておきたいと思います。

　キャプティブとは，自社または関連グループのリスクを専門的に引き受けるために，イギリス領バミューダやケイマンのような税制上有利な国や地域に設立される専属保険子会社のことをいいます。

　日本の保険業法では，日本国内の物件等について，契約者が海外で保険を直接かけることが禁止されています。そのため，国内の保険会社に一旦，保険を引き受けてもらいます。そのうえで，再保険の手配を通じて，リスクと保険料を海外の子会社であるキャプティブに移転します。これを**フロンティング**といいます。なお，**再保険**とは，保険会社が自己の負担する保険責任の一部または全部を，他の保険会社に移転する経済的仕組みのことをいいます（第3章 Columnを参照）。このように，実質的には，自社または関連グループのリスクはキャプティブに集中することになりますから，キャプティブはさらに再々保険（再保険の再保険）を手配することで，そのリスクを管理します。

　保険デリバティブとは，デリバティブを利用して，天候・気象や地震・風水害といった事象の変動性を指標にした取引のことをいいます。企業は，保険デリバティブを用いて，天候や地震などの保険関連のリスクを，資本市場に移転させることができます。たとえば，異常気象や天候不順などにより，企業が被る売上の減少といったリスクに対し，天候の変化があっても売上減少に伴う損失をカバーできるようにヘッジしておく**天候デリバティブ**も，保険デリバティブの1つです。天候デリバティブでは，企業が，事前に一定の契約料（プレミアム）を保険会社に支払うことで，平均気温や降雨日数などの気象データが決められた水準に達した場合，想定データの上下に応じて補償金が支払われます。たとえば，暖冬の場合，降雪量が過少となるリスクをヘッジしたいスキー場やウインター・スポーツ用具の製造・販売業者，あるいは暖冬による光熱エネルギー使用の減少を避けたい電力・ガス会社などに

図表 5-10 ▶▶▶ **保険と保険デリバティブの比較**

	保険	保険デリバティブ
支払要件	実損の発生, 保険金支払要件の確認, 損害調査などの手続きを要する。	契約時に取り決めた条件の充足のみが必要であり, 実損発生の有無は問わない。
ベーシス・リスク	なし (小さい)。支払保険金の金額は, 実損額に基づき, 契約条件によって決定する。	あり。一般に, 実損額と補償金の金額が乖離することが想定される。

よる需要が拡大しつつあります。

　それでは, 保険デリバティブと保険の相違点は何でしょうか。保険では損害の発生に加えて, その損害と発生原因の因果関係を立証することが保険金支払の前提となります。そのため, 支払い保険金の算定にあたっては, 損害調査を実施することが条件となります。しかしながら, 保険デリバティブでは, 因果関係の有無にかかわらず, 保険関連のリスクに連動する指標の変動などにより, 契約締結時に取り決めた条件が満たされれば, ただちに補償金の支払いが行われます。そのため, 企業側に実損が生じていない場合であっても, 異常気象などにより, 契約締結時に取り決めた条件が満たされれば, 企業側に補償金が支払われることとなります。他方で, その条件が満たされて補償金が支払われた場合であっても, 補償金が実損額を下回ることがあります。この実損額との乖離のことを, **ベーシス・リスク**（Basis Risk）といいます。**図表5-10**では, 保険と保険デリバティブの相違点をまとめています。

　カタストロフィ・ボンド（Catastrophe Bond：**CATボンド**）とは, リスクが顕在化する確率は低いものの, 発生した場合の損害規模が甚大な異常災害（カタストロフィ）に関するリスクを, 証券化のスキームを用いて, 資本市場に移転する仕組みです。異常災害の例としては, 地震や台風, 寒波, ハリケーンといった巨大な自然災害があげられます。なお, **証券化**とは, 将来キャッシュフローを生み出す資産を原資として証券を発行し, 資本市場における不特定多数の投資家から資金を調達する仕組みのことをいいます。

　*CAT*ボンドの発行主体は, 特別目的会社（Special Purpose Company：

SPC）等を設立するとともに，契約を締結，プレミアムを支払います。SPC 等は，債券を資本市場を通じて投資家に発行し，集めた資金を安全資産で運用します。平常時は，CAT ボンドの発行主体から集められたプレミアムと安全資産からの運用収益から，投資家に対して利息が支払われます。他方，あらかじめ定められた異常災害のリスクが顕在化（例：大地震の発生）した場合には，CAT ボンドの発行主体は，SPC 等から資金を得ることで，異常災害の発生に伴う損失をカバーすることができます。その場合，投資家には，

図表 5-11 ▶▶▶ CAT ボンドの仕組み

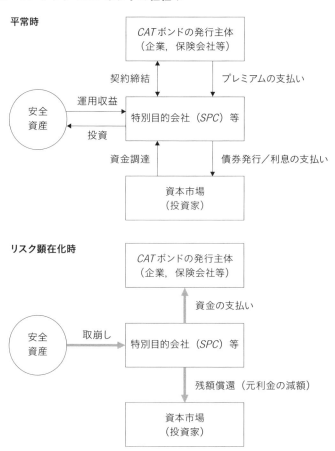

出所：経済産業省リスクファイナンス研究会編 [2006]『リスクファイナンス研究会報告書―リスクファイナンスの普及に向けて』p.50, 資料3-3をもとに作成。

CATボンドの発行主体に支払われた金額を控除した残額が償還されることになり，元利金の減額が生じることになります。なお，CATボンドの発行主体は，事業会社や保険会社であることが一般的です。図表5－11は，CATボンドの基本的な仕組みを示しています。

7 多様化するリスクファイナンス
この章のまとめと発展課題

　この章では，保険とともに，リスクマネジメントの手法として特に重要なデリバティブについて，先渡し，先物，オプションを取り上げ，その特徴と基本的な仕組みを学習しました。Ex.5-1では，先渡し，先物によるリスクヘッジの効果を，小麦粉の価格リスクに直面したうどん屋経営者を例にとって確認しました。

　うどん屋の経営者は，小麦粉を原資産とする先渡し（先物）の買建て（ロングポジション）を契約することにより，小麦粉の価格リスクをヘッジすることに成功しました。次いで，Ex.5-2では，うどん屋経営者が，先渡し（先物）ではなく，オプションを契約することによって，小麦粉価格が予想外に上昇した場合のリスクのみをヘッジするという戦略の可能性を示しました。

　ところで，オプションの場合，先渡し（先物）と違って，事後的に，みずからのペイオフにとって有利な場合にのみ，権利を行使することができました。うどん屋経営者は，オプションの買建て（ロングポジション）を契約することになりますが，そうした権利は事前に購入しなくてはなりません。そこで問題となるのが，事前に支払うオプション価格（オプション・プレミアム，オプション料）でした。そこで，Ex.5-3では，オプション価格が理論的にどのようなメカニズムで決まるのかについて，2項モデルを用いて学習しました。

　この章の最後では，主要な代替的リスクファイナンス手法として，キャプティブ，保険デリバティブ，カタストロフィ・ボンド（CATボンド）の概要を学びました。ただし，保険デリバティブに関しては，天候・気象や地震

| Column | **オリエンタルランド社のリスクファイナンス戦略** |

オリエンタルランド社は，世界有数のエンターテイメント施設である東京ディズニーリゾートなどを展開する会社です。ただ，同社の基盤事業は東京湾岸の舞浜地区に集中しているため，首都圏で巨大地震等が発生した場合，同社の業績に重大な影響が及ぶ可能性が懸念されてきました。もちろん，建設時の大規模な地盤改良や耐震補強工事によって，施設自体が倒壊する可能性は極めて低いのですが，地震発生による交通機関・ライフライン（電気・ガス・水道）への影響や，レジャーに対する消費マインドの冷え込み等による一時的な入園者の減少が予想されています。これらの要因は，同社の収益に深刻な影響をもたらし，間接損失が拡大することが懸念されます。

これに対し，オリエンタルランド社は，1999年に1億ドルのCATボンドを発行し，舞浜を中心とした半径75kmの円の範囲内で地震が発生した場合に，マグニチュードの大きさに応じた割合で同社が元金を特別の利益として受け取る仕組みを導入しました。当時，同社は，新しいテーマパークである東京ディズニーシーを建設中であり，多額の設備投資資金を必要としていました。巨大災害発生後の経営基盤の早期回復を目的として，同社はCATボンドを発行し，大地震のリスクを金融市場の投資家に移転することにしたのです。なお，CATボンドの償還期限後も，同社は先駆的なリスクファイナンス戦略を次々に実施しており，その動向が注目されています。

・風水害といった事象の変動性に関する指標が市場で取引されていません。そのため，そのプライシングに関しては，Ex.5-3 で学習したようなアプローチではなく，保険数理的な考え方が採用されています。

| Training | 解いてみよう |

1. Ex.5-1 において，この先渡しのみから生じる加藤さんのペイオフ図を描いてください。
2. Ex.5-2 において，このコール・オプションのみから生じる大橋商店のペイオフ図（オプション料を考慮）を描いてください。
3. Ex.5-3 において，満期を年度末，権利行使価格を100円とするプット・オプションを考えてみましょう。また，この間の無リスク利子率は1％です。このとき，裁定取引の機会がない状況を仮定するならば，理論的に，このオプション価格はいくらになりますか。

第 II 部

ファイナンス理論とリスクマネジメント

第6章
現代ポートフォリオ理論と資本資産価格モデル

第7章
資本構成

第8章
企業価値と企業の投資決定

第6章 現代ポートフォリオ理論と資本資産価格モデル

Learning Points

- ▶現代ポートフォリオ理論（MPT）について学習します。
- ▶MPTに基づいて構築される資本資産価格モデル（CAPM）について学習します。
- ▶システマティック・リスクとアンシステマティック・リスクの概念について理解します。

Key Words

現代ポートフォリオ理論（MPT）　資本資産価格モデル（CAPM）
システマティック・リスク　アンシステマティック・リスク

1 企業価値最大化とリスクマネジメント
この章で学ぶこと

　第Ⅱ部では，第Ⅲ部「企業のリスクマネジメント」への橋渡しとして，ファイナンスの基礎理論について学習します。皆さんの中には，「リスクマネジメントの勉強をしているのに，なぜファイナンス理論を学ばなければならないんだろう？」と不思議に思う人がいるかもしれません。実は，企業のリスクマネジメントとファイナンス理論は密接に関連しています。

　企業が果たすべき目的は何でしょうか。収益を稼ぐ，よい商品やサービスを提供して社会に貢献する，といったさまざまな答えが考えられますが，ファイナンス理論では企業価値の向上が最大の目的とされています。

　企業は，ヒト，モノ，カネ，情報といった経営資源を活用して，製品やサービスという形で付加価値を生み出し，利益を得ています。この中で，企業とカネの問題を取り扱う分野が，コーポレートファイナンスです。

　企業は，投資家から出資された資金を有効に活用することで，日々の経営

活動を行っています。投資家は出資の仕方によって2つのタイプに分類されます。

1つは債権者であり，企業が発行する負債を購入することで，企業に資金を貸し与えている主体です。企業は債権者から資金を借り入れ，期限までに約束していた利息を付けて借り入れた資金を彼らに返済する義務があります。

もう一方の主体は，株主です。彼らは株式を購入して，その企業の所有者になります。債権者と異なり，企業は株主に対していくらの見返りを与えるかを明示的に約束してはいませんが，その代わり株主には企業が最終的に得た利益を受け取る権利が与えられています。したがって，もし企業が多くの利益を稼ぐことができれば，株主は多くの見返りを得ることができる反面，利益を稼ぐことができなければ，彼らには1円も返ってこないこともありえます。このことは，株主が債権者よりも高いリスクの投資を行っていることを意味しています。

ファイナンス理論でいう**企業価値**とは，こうした債権者や株主に対して発行された負債資本（銀行借入や社債などの有利子負債）の価値（**負債価値**）と株主資本（株式）の価値（**株主価値**）の合計額として求められます。企業が開示する貸借対照表には，その企業が調達した負債資本と株主資本の金額や，それらを通じて取得した資産の金額が記載されています。こうした会計上での評価額のことを，**簿価**といいます。

それでは，企業価値を求める際にこの簿価で測ればよいかというと，そういうわけではありません。なぜなら，簿価は必ずしも現在の価値を反映していないからです。たとえば，街中のガソリンスタンドのガソリン価格をみればわかるように，物の価値は日々変わっていきます。こうした現時点での評価額のことを，**時価**といいます。企業価値を求める際に注意しなければならないのは，負債価値や株主価値は，時価で算出すべきであるという点です。

時価評価を行う際に，特に問題となるのは株主価値の評価です。負債価値は，企業が借りた資金を返せなくなるといったような状況を除き，簿価と時価の間に大きな差はありません。一方で，株主価値は，現時点の株価に，その時点で発行されている株式数を掛けた**株式時価総額**で評価されます。その

図表6-1 ▶▶▶簿価と時価のイメージ

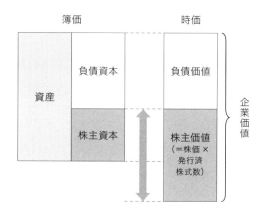

ため，株価の変動によって簿価から大きく乖離することがあります。**図表6-1**は，企業価値を算定する際の簿価と時価のイメージを表しています。

　企業の利益につながるあらゆる行動は，結果的に株価に反映されます。もし企業がとった行動が将来の利益増につながると投資家が判断すれば，株式市場での取引を通じて株価を押し上げることになり，その結果株主価値，ひいては企業価値を高めることになります。逆に，企業がとった行動が将来の利益減につながると判断された場合は，株価を押し下げ，企業価値を減少させることになります。

　つまり，ファイナンス理論に沿って企業のリスクマネジメント行動を考えるならば，「どのリスクマネジメント手法を選択すれば，株価を高めることになるのだろうか」という視点が必要です。そのためには，株価がどのように決まっているのか，という株価決定のメカニズムを知る必要があるのです。

　株価は企業が決めるものではなく，その企業に資金を提供する投資家からの評価によって決まります。では，投資家はどのような考え方に基づいて企業を評価しているのでしょうか。この章では，投資家の立場から，ファイナンスの基本理論について学んでいきます。

2 現代ポートフォリオ理論

2.1 分散投資によるリスク低減効果

現代ポートフォリオ理論(Modern Portfolio Theory：**MPT**)は，債券や株式といった証券にどれだけ投資すればよいかを決めるための理論です。**ポートフォリオ**とは，複数の証券の組み合わせという意味です。MPTは1950年代にマーコウィッツによって提唱され，彼はこの業績により1990年にノーベル経済学賞を受賞しました。

MPTにおいて，投資家は債券や株式の**投資収益率**(**リターン**)の「期待値」と「分散(または標準偏差)」の2つの指標に基づいて意思決定を行います。株式の期待リターン$E(r)$の求め方は以下のとおりです。

$$E(r) = \frac{(E(P_1) - P_0) + E(D_1)}{P_0} \tag{1}$$

ここで，P_0は現在の株価，$E(P_1)$は1期後の期待株価，$E(D_1)$は当期の期待配当額を表しています。したがって，株式の期待リターンは，株の値上がり益(**キャピタルゲイン**)の期待値と配当額(**インカムゲイン**)の期待値の合計を，現在の株価で割った値として求められます。

たとえば，ある株式の現在の株価が1,000円であり，1期後にその株価が1,100円になると予想されています。また，当期末に1株当たり100円の配当金を受け取るとすると，この株式の当期の期待リターンは，

$$\frac{(1,100 - 1,000) + 100}{1,000} = 0.20(20\%)$$

となります。

MPTでは，投資家はリスク回避者(第4章を参照のこと)であり，以下のルールにしたがって意思決定を行うと仮定します。

①証券のリターンのリスク(標準偏差)が同じであれば，より期待リター

ンが高いほうを選択する。

②証券の期待リターンが同じであれば，よりリスク（標準偏差）が小さいほうを選択する。

このルールのことを，**平均＝分散アプローチ**といいます。この点を理解するために，以下の例題を検討しましょう。

Ex. 6-1   例 題

株式Aと株式Bという2つの株式があります。それぞれの株式のリターンは，そのときの経済全体の状況（好況，普通，不況）によって異なり，**図表6-2**の通りになるとします。このとき，以下の問いに答えてください。

図表6-2 ▶▶▶株式AとBのリターンの確率分布

状態	確率	株式A	株式B
好況	1/3	35%	-10%
普通	1/3	10%	0%
不況	1/3	-15%	25%

— **Q1** 株式Aと株式Bの期待リターンとリターンの標準偏差を求めてください。

— **Q2** 縦軸に期待リターン，横軸に標準偏差をとる図を描き，**Q1**の結果を図に示してください。

— **Q3** 投資資金の60%を株式Aに，40%を株式Bに投資したときのポートフォリオXの期待リターンとリターンの標準偏差を求めてください。

R to A   解 答 と 解 説

— **Q1** 株式AとBの期待リターンをそれぞれ，$\mathrm{E}(r_A)$，$\mathrm{E}(r_B)$とすると，各株式の期待リターンは以下のとおりとなります。

$$E(r_A) = 35 \times \frac{1}{3} + 10 \times \frac{1}{3} + (-15) \times \frac{1}{3} = 10\%$$

$$E(r_B) = -10 \times \frac{1}{3} + 0 \times \frac{1}{3} + 25 \times \frac{1}{3} = 5\%$$

また,株式AとBの分散を$V(r_A)$,$V(r_B)$,標準偏差をσ_A,σ_Bとすると,各株式のリターンの分散および標準偏差は以下のとおりとなります(分散・標準偏差の計算については,第2章を参照のこと)。

$$V(r_A) = (35-10)^2 \times \frac{1}{3} + (10-10)^2 \times \frac{1}{3} + (-15-10)^2 \times \frac{1}{3} = 416.67$$

$$V(r_B) = (-10-5)^2 \times \frac{1}{3} + (0-5)^2 \times \frac{1}{3} + (25-5)^2 \times \frac{1}{3} = 216.67$$

$$\sigma_A = \sqrt{416.67} = (約)20.41\%$$

$$\sigma_B = \sqrt{216.67} = (約)14.72\%$$

Q2 Q1の結果は**図表6-3**の点AとBで示されます。

では,投資家は株式AとBのどちらに投資を行いたいと思うでしょうか。**図表6-4**は,**図表6-3**に効用無差別曲線を描き加えたものです。**効用無差別曲線**は,同じ効用が得られる期待リターンと標準偏差の組み合わせを結んだ曲線です。すなわち,同一の効用無差別曲線上にある期待リターンと標準偏差の組み合わせからは,同じ効用が得られることを意味します。

平均=分散アプローチにしたがう投資家は,期待リターンをなるべく高く,リスク(標準偏差)をなるべく小さくすることを望んでいますので,**図表6-4**の左上のポジションに位置したいと考えています。言い換えれば,図の左上に描かれる効用無差別曲線ほど,投資家の効用は高くなります。

実線で描かれる効用無差別曲線をもつ投資家は,点Aを通る線よりも点Bを通る線のほうが左上にあることがわかります。したがって,この投資家は株式Aよりも株式Bに投資するほうが高い効用が得られます。

ただし,これはすべての投資家が株式Aよりも株式Bを選好することを意味しません。効用無差別曲線の形状は,その投資家のリスク回避の度合いによって変わってきます(その理由を Discussion で考えてみま

図表 6-3 ▶▶▶ リスク・リターン平面における株式 A と B の位置

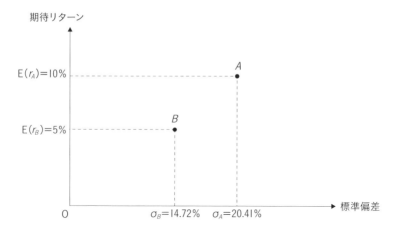

図表 6-4 ▶▶▶ リスク・リターン平面における効用無差別曲線

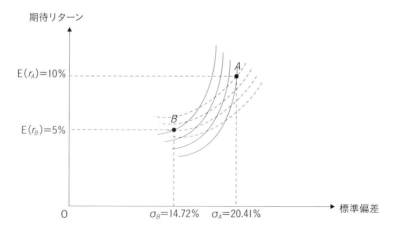

しょう)。たとえば,点線で描かれる効用無差別曲線をもつ投資家は,点 B を通る線よりも点 A を通る線のほうが左上にあります。したがって,こちらの投資家は株式 B よりも株式 A に投資するほうが高い効用が得られます。

Q3 ポートフォリオの各状態のリターンは,各株式のリターンを投資割合で

加重平均した値となります。つまり，ポートフォリオXから好況時，普通時，不況時において，それぞれ

好況時：$35 \times 0.6 + (-10) \times 0.4 = 17\%$
普通時：$10 \times 0.6 + 0 \times 0.4 = 6\%$
不況時：$-15 \times 0.6 + 25 \times 0.4 = 1\%$

というリターンが得られます。したがって，ポートフォリオXの期待リターン$E(r_X)$と標準偏差σ_Xは以下のとおりとなります。

$$E(r_X) = 17 \times \frac{1}{3} + 6 \times \frac{1}{3} + 1 \times \frac{1}{3} = 8\%$$

$$\sigma_X = \sqrt{(17-8)^2 \times \frac{1}{3} + (6-8)^2 \times \frac{1}{3} + (1-8)^2 \times \frac{1}{3}} = (約)6.68\%$$

また，第2章の Ex.2-4 のように解くこともできます。まず，ポートフォリオXの期待リターンは，

$$E(r_X) = E(0.6r_A + 0.4r_B) = 0.6E(r_A) + 0.4E(r_B) = 0.6 \times 10 + 0.4 \times 5 = 8\%$$

となります。次に，リターンの分散を得るために，株式AとBのリターンの共分散を使って計算しましょう。共分散は第2章の**[性質13]**を使って求めることができるので，

$$E(r_A r_B) = 35 \times (-10) \times \frac{1}{3} + 10 \times 0 \times \frac{1}{3} + (-15) \times 25 \times \frac{1}{3}$$
$$= (約) -241.67$$
$$E(r_A) = 10, \ E(r_B) = 5$$

より，

$$\text{Cov}(r_A, r_B) = -241.67 - 10 \times 5 = -291.67$$

となります。

ここから，ポートフォリオXのリターンの分散は，第2章の**[性質12]**より，

$$\begin{aligned}
V(r_X) &= V(0.6r_A+0.4r_B) \\
&= 0.6^2 \times V(r_A) + 0.4^2 \times V(r_B) + 2 \times 0.6 \times 0.4 \times \mathrm{Cov}(r_A, r_B) \\
&= 0.6^2 \times 416.67 + 0.4^2 \times 216.67 + 2 \times 0.6 \times 0.4 \times (-291.67) \\
&= (約)44.67
\end{aligned}$$

と求められます。したがって、ポートフォリオXのリターンの標準偏差は、

$$\sigma_X = \sqrt{44.67} = (約)6.68(\%)$$

となり、先ほど求めた結果と一致します。

ここで、Q2とQ3の結果を比較してみましょう。**図表6-5**のとおり、ポートフォリオXの期待リターン8％は、株式AとBの期待リターンを投資割合で加重平均した値（$10 \times 0.6 + 5 \times 0.4 = 8$％）と等しくなっています。他方、ポートフォリオ$X$の標準偏差6.68％は、株式$A$と$B$のリターンの標準偏差の投資割合での加重平均値（$20.41 \times 0.6 + 14.72 \times 0.4 = 18.13$％）より大幅に小さくなっています。

なぜこのような結果になったのでしょうか。第2章を思い出してください。w_Aおよび$w_B (= 1 - w_A)$を、株式Aおよび株式Bへの投資割合としましょう（w_Aおよびw_Bは0以上1以下の値をとります）。このとき、ポートフォリオの期待リターンは、各株式の期待リターンを投資割合で加重平均した値となります。

図表6-5 ▶▶▶ポートフォリオXのリスクとリターン

状態	確率	株式A	株式B	ポートフォリオX
好況	1/3	35%	-10%	17%
普通	1/3	10%	0%	6%
不況	1/3	-15%	25%	1%
期待リターン		10%	5%	8%
標準偏差		20.41%	14.72%	6.68%

中央経済社
ベーシック＋プラス
Basic Plus

いま新しい時代を切り開く基礎力と応用力を兼ね備えた人材が求められています。
このシリーズは、社会科学の各分野の基本的な知識や考え方を学ぶことにプラスして、
一人ひとりが主体的に思考し、行動できるような「学び」をサポートしています。

Let's START!

学びにプラス！
成長にプラス！
ベーシック＋で
はじめよう！

中央経済社

ベーシック＋専用HP

1 あなたにキホン・プラス!

その学問分野をはじめて学ぶ人のために,もっとも基本的な知識や考え方を中心にまとめられています。大学生や社会人になってはじめて触れた学問分野をもっと深く学んでみたい,あるいは学びなおしたい,と感じた方にも読んでもらえるような内容になるよう,各巻ごとに執筆陣が知恵を絞り,そのテーマにあわせた内容構成にしています。

2 各巻がそれぞれ工夫している執筆方針を紹介します

2.1 その学問分野の全体像がわかる

まず第1章でその分野の全体像がわかるよう,○○とはどんな分野かというテーマのもと概要を説明しています。

2.2 現実問題にどう結びつくのか

単に理論やフレームワークを紹介するだけでなく,現実の問題にどう結びつくのか,問題解決にどう応用できるのかなども解説しています。

2.3 多様な見方を紹介

トピックスによっては複数の見方や立場が並存していることもあります。特定の視点や主張に偏ることなく,多様なとらえ方,見方を紹介しています。

2.4 ロジックで学ぶ

学説や学者名より意味・解釈を中心にロジックを重視して,「自分で考えることの真の意味」がわかるようにしています。

2.5 「やさしい本格派テキスト」

専門的な内容でも必要ならば逃げずに平易な言葉で説明し,ただの「やさしい入門テキスト」ではなく,「やさしい本格派テキスト」を目指しました。

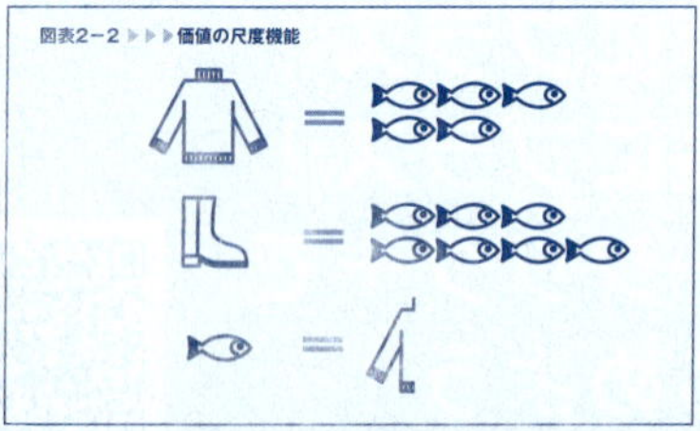

図表2-2 ▶▶▶ 価値の尺度機能

〈直感的な図表〉
図表を用いたほうが直感的にわかる場合は積極的に図表を用いています。

3 最初にポイントをつかむ

各章冒頭の「Learning Points」「Key Words」はその章で学ぶ内容や身につけたい目標です。あらかじめ把握することで効率的に学ぶことができ、予習や復習にも役立つでしょう。

> **Learning Points**
> ▶金融政策の大きな目的は、物価やGDPなどで示されるマクロ経済を安定化させることです。
> しかし他方では、過去の金融政策が現在のマクロ経済状況をつくり出しているという側面もあります。
> そのため金融政策とマクロ経済を切り離して考えることはできず、両方を同時に見ていくことが重要です。現在の金融政策を理解するために、過去の金融政策や、その当時のマクロ経済状況を知ることが不可欠です。
> ▶本章では、1970年代以降の日本のマクロ経済を見ていくことで、現在の日本経済の立ち位置を確認しましょう。

> **Key Words**
> マクロ経済 ミクロ経済 インフレ バブル

4 自分で調べ、考え、伝える

テキストを読むことのほか、他の文献やネットで調べること、インタビューすることなど、知識を得る方法はたくさんあります。また、議論を通じ他の人の考えから学べることも多くあるでしょう。
そんな能動的な学習のため、各章末に「Working」「Discussion」「Training」「さらに学びたい人のために（文献紹介）」等を用意しました。

> **Working** 調べてみよう
> 1. 自分が所属するサークル・クラブあるいはアルバイト先の企業・組織の組織文化について調べてみよう。
> 2. 日産、日本航空、パナソニック（旧松下電器産業）などの企業から1社を選び、どのような組織変革を実施したか調べてみよう。

> **Discussion** 議論しよう
> 1. 世の中には、お金を借りたい人と貸したい人が常に両方いるのはなぜでしょうか。お金を借りたい人・企業の数は常に変化するはずなのに、なぜお金を借りるときの金利はあまり変化しないのでしょうか。
> 2. 中央銀行が金利操作を行うと、理論的には物価はどのような水準にもなり得ます。しかし、現実にはそれほど物価が大きく変化しないのはなぜでしょうか。

> **Column 生まれながらのリーダーって？**
> 本文でも説明したように、リーダーシップは生まれながらの資質・能力なのか生育環境や教育によって育まれる能力なのかに関して、理論的な決着はついていません。1つだけ確かなのは、先天的要因だけあるいは後天的要因だけでリーダーシップを説明することはできないということです。それゆえに、「自分はリーダーシップがない人間だ」などと思う必要はないのです。
> 企業や組織で権限と責任のある地位に就いた時には、まず地位勢力（ヘッドシップ）とリーダーシップの関係を意識する必要があるでしょう。両者は厳密に区別されるわけではありませんが、「地位や権限を越えて、自分は部下（フォロアー）に影響を及ぼしているのだろうか」ということを自問自答することは有益です。こうした自覚はサークルやクラブで役職に就く場合でも勉強です。
> また「第5水準のリーダーシップ」で描かれるリーダーは、派手にマスコミなどに取り上げられるタイプではなく、地道な努力を積み重ねるタイプだということも説明しました。これは個人の特性といえますが、自覚と努力次第である程度身につけられるものです。このように、責任感を持って努力すれば、リーダーシップを発揮することは可能です。

5 …and more !!

実際の企業事例や、知っておくと知識の幅が広がるような話題をコラムにするなど、書籍ごとにその分野にあわせた学びの工夫を盛り込んでいます。ぜひ手にとってご覧ください。

＊教員向けサポートも充実！ https://www.chuokeizai.co.jp/basic-plus/

- テキストで使用されている図表や資料などのスライド
- 収録できなかった参考資料やデータ、HPの紹介などの情報
- WorkingやDiscussion、Trainingなどの解答や考え方（ヒント） など

講義に役立つ資料や情報をシリーズ専用サイトで順次提供していく予定です。

6 シリーズラインアップ(刊行予定)

(タイトルや著者名は変更になる場合があります。)

ミクロ経済学の基礎	小川 光／家森信善 [著]	(A5判220頁)
マクロ経済学の基礎(第2版)	家森信善 [著]	(A5判212頁)
財政学	山重慎二 [著]	(A5判244頁)
公共経済学(第2版)	小川 光／西森 晃 [著]	(A5判248頁)
金融論(第3版)	家森信善 [著]	(A5判256頁)
金融政策(第2版)	小林照義 [著]	(A5判240頁)
労働経済学・環境経済学 など		
計量経済学・統計学 など		
日本経済論(第2版)	宮川 努／細野 薫／細谷 圭／川上淳之 [著]	(A5判272頁)
地域政策(第2版)	山﨑 朗／杉浦勝章／山本匡毅／豆本一茂／田村大樹／岡部遊志 [著]	(A5判272頁)
国際経済学・アジア経済論 など		
産業組織論	猪野弘明／北野泰樹 [著]	近刊
経済史	横山和輝／山本千映 [著]	近刊
日本経済史	杉山里枝 [著]	近刊
経営学入門	藤田 誠 [著]	(A5判260頁)
経営戦略	井上達彦／中川功一／川瀬真紀 [編著]	(A5判240頁)
経営組織	安藤史江／稲水伸行／西脇暢子／山岡 徹 [著]	(A5判248頁)
経営管理論	上野恭裕／馬場大治 [編著]	(A5判272頁)
企業統治	吉村典久／田中一弘／伊藤博之／稲葉祐之 [著]	(A5判236頁)
人的資源管理	上林憲雄 [編著]	(A5判272頁)
組織行動論	開本浩矢 [編著]	(A5判272頁)
国際人的資源管理	関口倫紀／竹内規浩／井口知栄 [編著]	(A5判264頁)
技術経営	原 拓志／宮尾 学 [編著]	(A5判212頁)
イノベーション・マネジメント	長内 厚／水野由香里／中本龍市／鈴木信貴 [著]	(A5判244頁)
ファイナンス	井上光太郎／高橋大志／池田直史 [著]	(A5判272頁)
リスクマネジメント	柳瀬典由／石坂元一／山﨑尚志 [著]	(A5判260頁)
マーケティング	川上智子／岩本明憲／鈴木智子 [著]	近刊
流通論	渡辺達朗／松田温郎／新島裕基 [著]	近刊
消費者行動論	田中 洋 [著]	(A5判272頁)
物流論(第2版)	齊藤 実／矢野裕児／林 克彦 [著]	(A5判260頁)
会計学入門・財務会計 など		
法学入門・会社法 など		
民法総則	尾島茂樹 [著]	(A5判268頁)
金融商品取引法	梅本剛正 [著]	近刊

(株)中央経済社

〒101-0051 東京都千代田区神田神保町1-35
Tel: 03(3293)3381 Fax: 03(3291)4437
E-mail: info@chuokeizai.co.jp

$$\mathrm{E}(r_P) = w_A \mathrm{E}(r_A) + (1-w_A)\mathrm{E}(r_B) \tag{2}$$

一方，ポートフォリオのリターンの分散$\mathrm{V}(r_P)$は，

$$\begin{aligned}
\mathrm{V}(r_P) &= \mathrm{V}(w_A r_A + (1-w_A)r_B) = w_A^2 \mathrm{V}(r_A) + (1-w_A)^2 \mathrm{V}(r_B) \\
&\quad + 2w_A(1-w_A)\mathrm{Cov}(r_A, r_B) \\
&= w_A^2 \mathrm{V}(r_A) + (1-w_A)^2 \mathrm{V}(r_B) + 2w_A(1-w_A)\sigma_A \sigma_B \rho_{AB} \\
&= (w_A \sigma_A + (1-w_A)\sigma_B)^2 - 2w_A(1-w_A)\sigma_A \sigma_B + 2w_A(1-w_A)\sigma_A \sigma_B \rho_{AB} \\
&= (w_A \sigma_A + (1-w_A)\sigma_B)^2 - 2w_A(1-w_A)\sigma_A \sigma_B (1-\rho_{AB}) \tag{3}
\end{aligned}$$

となります（第2章の**[性質12]**）。したがって，ポートフォリオのリターンの標準偏差は，

$$\sigma_P = \sqrt{(w_A \sigma_A + (1-w_A)\sigma_B)^2 - 2w_A(1-w_A)\sigma_A \sigma_B (1-\rho_{AB})} \tag{4}$$

となります。第2章で説明したように，株式AとBのリターンの相関係数ρ_{AB}は必ず-1以上1以下の値をとりますので，

$$\begin{aligned}
\sigma_P &= \sqrt{(w_A \sigma_A + (1-w_A)\sigma_B)^2 - 2w_A(1-w_A)\sigma_A \sigma_B (1-\rho_{AB})} \\
&\leq \sqrt{(w_A \sigma_A + (1-w_A)\sigma_B)^2} = w_A \sigma_A + (1-w_A)\sigma_B
\end{aligned}$$

が成立します。このように，分散投資はポートフォリオのリターンの標準偏差を，各株式の標準偏差の加重平均以下にする効果があり，リスク回避的な投資家の効用を高めることができます。このことを，**分散投資によるリスク低減効果**といいます。この原理は，第3章で学んだプーリングによるリスク分散効果と同様のメカニズムによるものです。

では，この投資家にとって，ポートフォリオXを保有することが最も自身の効用を高めることになるのでしょうか。(2)式と(4)式からわかるように，投資割合を変えることで，さまざまな期待リターンと標準偏差の組み合わせをもつポートフォリオを作り出すことができます。図表6-6の点線は，株式AとBの投資割合を変えたときのポートフォリオの期待リターンと標準偏差の組み合わせを示しています。したがって，この投資家は，自身の効用無差別曲線と点線が示すポートフォリオの集合との接点Y（ポートフォリオY）

図表 6-6 ▶▶▶投資割合の変更とポートフォリオの変化

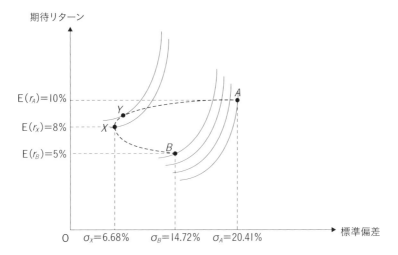

の水準で投資を行うのが，最も効用を高めることになります。

図表 6-7 は(4)式の相関係数 ρ_{AB} の違いによって，分散投資の効果がどのように変わってくるのかを示したものです。相関係数が小さくなるほど，分散投資によるリスク低減効果は大きくなり，左側に大きく湾曲した形になります。相関係数が-1の場合は，ポートフォリオの標準偏差が0，すなわち無リスクになる組み合わせが存在することになります。また，相関係数が1の場合，ポートフォリオの標準偏差は加重平均と等しくなり，直線で結んだ形状になります。この場合は，分散投資によるリスク低減効果は望めません。

図表 6-7 ▶▶▶ 相関係数の違いによる分散投資の効果の大きさ

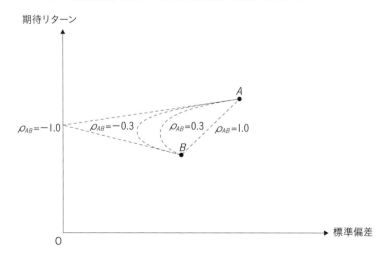

2.2 効率的フロンティアと分離定理

Ex.6-1 では2つの株式の組み合わせのみで話を進めてきましたが,株式が3つ以上の場合はどうなるのでしょうか。この場合,「株式C」と「株式Aと株式Bからなるポートフォリオ」の組み合わせ,「株式D」と「株式Aと株式Bと株式Cからなるポートフォリオ」の組み合わせ,といったようにポートフォリオも1つの資産と考えることで,これまでの議論と全く同じように展開することが可能です。

図表6-8は,世の中に存在するすべての株式を組み合わせたときのポートフォリオを示しているとしましょう。図の塗りつぶしている部分は,リスクとリターンの組み合わせとして投資家が選択可能な領域を示しています。この図の実線と点線の部分は,ある期待リターンを達成するポートフォリオの中で,標準偏差が最も小さいポートフォリオの集合を示しており,これを**最小分散フロンティア**といいます。

合理的な投資家は,この最小分散フロンティアの上側にあたる実線の中から最適なポートフォリオを選択するはずです(なぜそうなるのか考えてみましょう)。このように,最小分散フロンティアの中で,平均=分散アプロー

図表6-8 ▶▶▶ 最小分散フロンティアと効率的フロンティア

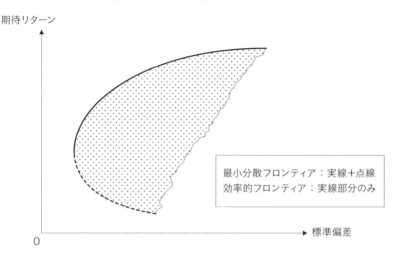

チ上，より優位なポートフォリオが存在しないポートフォリオの集合のことを**効率的フロンティア**といいます。

さて，ここまでは，株式のみを投資対象としてきました。株式のように，将来得られるリターンが不確実な資産のことを**リスク資産**といいます。他方，国債や銀行預金のように，将来確実に一定のリターンが得られる資産のことを**無リスク資産**といいます。

ここで，投資対象に無リスク資産を含めたらどうなるか検討してみましょう。**図表6-9**の点r_fは，無リスク資産のリスクとリターンの組み合わせを示しています。無リスク資産はリスクがないので標準偏差が0となり，無リスク資産のリターン（**無リスク利子率**）r_fは縦軸上に位置します。

無リスク資産とリスク資産からなるポートフォリオの組み合わせは，点から図表6-8で示したリスク資産の投資可能領域（塗りつぶし部分）の任意の点を結ぶ直線として表現することができます（なぜ直線になるのか Discussion で考えてみましょう）。たとえば，**図表6-9**の点線$r_f D$は，「無リスク資産」と「点Dの水準に位置するリスク資産からなるポートフォリオ」を組み合わせることで可能なリスクとリターンの集合となります。

では，点線$r_f D$よりも最適な投資の組み合わせは存在しないのでしょうか。

図表6-9 ▶▶▶無リスク資産を考慮した場合の最適ポートフォリオの決定

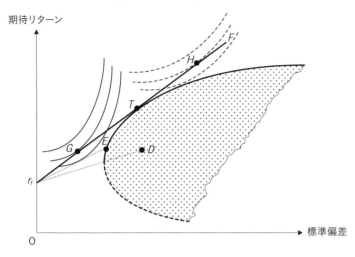

 たとえば，点線r_fEは，無リスク資産と効率的ポートフォリオ上に位置する点Eとの組み合わせによって可能なポートフォリオの集合ですが，こちらのほうが点線r_fDよりも左上に位置していますので，投資家の効用が高いはずです。こうして考えていきますと，最終的には点r_fから効率的フロンティアに向かって引かれた接線が最も投資家の効用水準を高める投資の組み合わせであることがわかります。

 この接線r_fFは，無リスク資産と，リスク資産からなる**接点ポートフォリオ**Tに分散投資したときに得られるポートフォリオの集合を示しています。もし投資家が全くリスクを望まないとしたら，すべての投資資金を無リスク資産に投じればよく，そのときのポジションはr_fとなります。一方，すべての投資資金をリスク資産のみに投じた場合のポジションは，接点ポートフォリオTとなります。また，投資資金の50％を無リスク資産に，残りの50％を接点Tに投資したときのポートフォリオは，区間r_fTの中点となります。TFの区間は，無リスク利子率で借り入れを行って，接点Tに全額投資したときに得られるポートフォリオです。

 接線r_fFは，**図表6-8**で示したリスク資産のみで構成された効率的フロンティアよりも左上に位置していますので，こちらの組み合わせのほうが投

資家の効用を高めることがわかります。つまり，無リスク資産を投資対象に加えた場合は，**図表6-8**で描かれた曲線ではなく，**図表6-9**の接線$r_f F$が効率的フロンティアとなります。したがって，投資家は効率的フロンティア$r_f F$上から，自身の効用を最大化するように，投資資金を無リスク資産r_fと接点ポートフォリオTに振り分ければよいのです。この投資家の効用を最大化するポートフォリオのことを，**最適ポートフォリオ**といいます。

以上のことをまとめると，投資家は最適ポートフォリオを決める際に，2段階に分けて意思決定を行っていることになります。まず1段階目として，投資家はリスク資産への投資をどう組み合わせるかを考えます。このときの回答は，その投資家がどのような効用無差別曲線をもっているかに関係なく，接点ポートフォリオTで決まります。

次の段階で，投資家は，自身の効用を最大にするように，無リスク資産と接点ポートフォリオTを組み合わせて最適ポートフォリオを決定します。これは，投資家の効用無差別曲線の形状に依存しますので，たとえば**図表6-9**の実線の効用無差別曲線をもつ投資家は最適な組み合わせとして点Gを選択するでしょうし，点線の効用無差別曲線をもつ投資家は点Hを選択するでしょう。

このように，投資家は無リスク資産とリスク資産からなるポートフォリオの選択において，「リスク資産の最適な組み合わせの決定の問題（1段階目。答えは接点ポートフォリオT）」と，「無リスク資産とリスク資産の双方を含めた組み合わせの決定の問題（2段階目。答えは投資家の効用水準によって異なる）」とに分けて考えることになります。これを**分離定理**といいます。

3 資本資産価格モデル

3.1 マーケット・ポートフォリオ

資本資産価格モデル（Capital Asset Pricing Model：**CAPM**）は，*MPT*

を裏付けとした資産価格決定に関する均衡モデルです。シャープらによって提唱され，この業績により彼は1990年にマーコウィッツらとともにノーベル経済学賞を受賞しました。

$CAPM$では，①すべての証券は無限に分割可能，②税金や取引コストは存在しない，③すべて投資家は将来の資産価格の変動について同質的期待をもっている（つまり，同じ予想をしている），④無リスク資産が存在し，無リスク利子率で自由に貸し借りができる，といった仮定を置いています。

こうした仮定のもとでは，効率的フロンティアはすべての投資家にとって同じ形をしています。したがって，**図表６－９**の接線r_fFはすべての投資家の間で全く同じであるはずです。さらに，分離定理によると，投資家は必ず接点ポートフォリオTの組み合わせでリスク資産を保有することになります。当然この接点ポートフォリオTも，全投資家間で同一のはずです。結局のところ，「すべての投資家は全く同じ組み合わせでリスク資産を保有する」ことを意味しています。では，この接点ポートフォリオTとは，どのような特徴をもっているのか，次の例題で考えてみましょう。

Ex. 6-2 例題

世の中に存在するリスク資産は，株式A，B，Cの３つだけであるとしましょう。また，世の中には，榊原さんと花枝さんというリスク回避的な２人の投資家しか存在しないとします。榊原さんは7,000万円，花枝さんは3,000万円をこれらのリスク資産に投資します。２人がお互いの効用を最大化するように取引した結果，均衡状態で株式A，B，Cの時価総額はそれぞれ，3,000万円，5,000万円，2,000万円となりました。このとき，榊原さんと花枝さんは株式A，B，Cにそれぞれいくら投資しているでしょうか。

R to A 解答と解説

リスク資産の時価総額の合計は10,000万円となりますので，リスク資産の市場全体に占める各株式の時価総額の割合は，株式Aが30%，株式Bが50%，株式Cが20%となります。ここで，榊原さんの株式Aへの投資額をS_A，株式Bへの投資額をS_B，株式Cへの投資額をS_Cとし，花枝さんも同様にH_A，H_B，H_Cとし

ます。

　市場が均衡状態であることは，需要(榊原さんと花枝さんの投資額の合計)と供給(株式時価総額)が等しいことを意味していますので，以下の関係が成り立っています。

$$S_A + H_A = 3,000$$
$$S_B + H_B = 5,000$$
$$S_C + H_C = 2,000$$

　先ほど説明したとおり，榊原さんも花枝さんも同じポートフォリオ(すなわち，接点T)でリスク資産を保有します。これは，2人とも同じ投資割合で投資を行っていることを意味しています。

$$\frac{S_A}{7,000} = \frac{H_A}{3,000}$$
$$\frac{S_B}{7,000} = \frac{H_B}{3,000}$$
$$\frac{S_C}{7,000} = \frac{H_C}{3,000}$$

これらの式を解くと，以下の答えが得られます。

$$S_A = 2,100, \quad S_B = 3,500, \quad S_C = 1,400$$
$$H_A = 900, \quad H_B = 1,500, \quad H_C = 600$$

したがって，榊原さんと花枝さんの投資額と投資割合は**図表6-10**のとおりとなります。

図表6-10 ▶▶▶両者の各株式への投資額と投資割合

	株式A	株式B	株式C	合計額
時価総額 (市場全体に占める割合)	3,000万円 (30%)	5,000万円 (50%)	2,000万円 (20%)	10,000万円 (100%)
榊原さんの投資額 (投資割合)	2,100万円 (30%)	3,500万円 (50%)	1,400万円 (20%)	7,000万円 (100%)
花枝さんの投資額 (投資割合)	900万円 (30%)	1,500万円 (50%)	600万円 (20%)	3,000万円 (100%)

図表6-10から明らかなように,榊原さんも花枝さんも市場全体に占める各株式の時価総額の割合だけ保有しています。もし,それ以外の保有割合で投資を行うと,2人が異なるポートフォリオをもっていることになり,「すべての投資家は全く同じ組み合わせでリスク資産を保有する」という前提に反することになるからです。

このことは2人ではなく多数の場合でも成り立ち,均衡状態において,すべての投資家はそれぞれのリスク資産に対して,「市場全体における各リスク資産の時価総額の割合分」を必ず投資することになります。こうしたポートフォリオのことを,市場全体と同じ構成比率をもっているという意味から**マーケット・ポートフォリオ**といいます。

3.2 資本市場線と証券市場線

$CAPM$の仮定のもとでは,すべての投資家は,自身の効用を最大化するように無リスク資産とマーケット・ポートフォリオに投資資金を割り当てています。無リスク資産からマーケット・ポートフォリオに向かって引かれた直線を,**資本市場線**(Capital Market Line:**CML**)といいます(図表6-11)。

CMLは以下の式によって示すことができます。

$$\mathrm{E}(r_P) = r_f + \frac{\mathrm{E}(r_M) - r_f}{\sigma_M} \sigma_P \tag{5}$$

ここで,$\mathrm{E}(r_P)$は(効率的フロンティア上に位置する)ポートフォリオPの期待リターン,r_fは無リスク利子率,$\mathrm{E}(r_M)$はマーケット・ポートフォリオの期待リターン,σ_PはポートフォリオPのリターンの標準偏差,σ_Mはマーケット・ポートフォリオのリターンの標準偏差をそれぞれ示しています。

CMLによると,ポートフォリオのリスクσ_Pを限界的に1高めると,傾き$\frac{\mathrm{E}(r_M) - r_f}{\sigma_M}$分だけの期待リターンの上昇を得ることがわかります。このことから,$\frac{\mathrm{E}(r_M) - r_f}{\sigma_M}$をリスクの市場価格といいます。

CMLは,無リスク資産とマーケット・ポートフォリオからなる効率的ポートフォリオのリスクとリターンの関係を表しています。しかしながら,マー

図表6-11 ▶▶▶ **資本市場線（CML）**

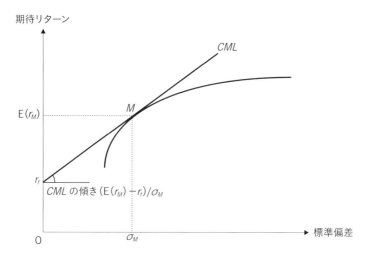

ケット・ポートフォリオに含まれる個々のリスク資産のリスクとリターンの関係については，CMLは教えてくれません。

この点に示唆を与えてくれるのが，CAPMです。CAPMは以下の式で示されます（CMLからCAPMへの導出過程については割愛します）。

$$E(r_j) = r_f + \beta_j(E(r_M) - r_f) \tag{6}$$

$$\text{ただし，} \beta_j = \frac{\text{Cov}(r_j, r_M)}{\sigma_M^2}$$

ここで，$E(r_j)$は任意の資産jの期待リターンです。また，β_jは資産jとマーケット・ポートフォリオとのリターンの共分散$\text{Cov}(r_j, r_M)$を，マーケット・ポートフォリオのリターンの分散σ_M^2で割った値であり，**ベータ**と呼ばれます。

CAPMにおいて，任意の資産の期待リターンは，①無リスク利子率と，②マーケット・ポートフォリオの期待リターンと無リスク利子率との差（$E(r_M) - r_f$）にベータを乗じたもの，との合計になります。なお，この②$E(r_M) - r_f$の部分のことを，（証券の）リスクプレミアムといいます。

CAPMの関係式は，**図表6-12**の直線として示すことができます。この

図表 6-12 ▶▶▶ 証券市場線（**SML**）

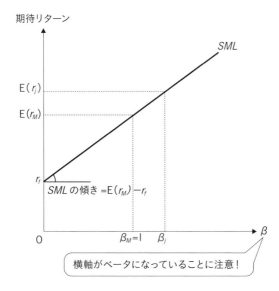

直線のことを**証券市場線**（Security Market Line：**SML**）といいます。SMLから，超過リターン$E(r_j) - r_f$（資産jの期待リターンと無リスク利子率の差）とベータが線形関係にあることがわかります。これまでの図と異なり，横軸がリターンの標準偏差ではなく，ベータになっていることに注意しましょう。ベータが高くなるほど，投資家はその資産のリスクが高いものとみなし，相応の期待リターンを要求するのです。

3.3 システマティック・リスクとアンシステマティック・リスク

CAPMが意味するところは，個々の資産の超過リターンはベータに比例するというものです。では，このベータは，これまでリスクとして考えてきたリターンの標準偏差と何が違うのでしょうか。

CAPM（(6)式）を変形しますと，以下のとおりとなります。

$$E(r_j) = r_f + (E(r_M) - r_f) \frac{1}{\sigma_M} \frac{\text{Cov}(r_j, r_M)}{\sigma_M \sigma_j} \sigma_j \tag{7}$$

ここで，$\dfrac{\text{Cov}(r_j, r_M)}{\sigma_M \sigma_j}$は，資産$j$のリターンとマーケット・ポートフォリ

図表 6 - 13 ▶▶▶ システマティック・リスクとアンシステマティック・リスク

| 企業全体のリスク（総リスク） | = | システマティック・リスク（分散投資によって消去不可能なリスク） | + | アンシステマティック・リスク（分散投資によって消去可能なリスク） |

オのリターンの相関係数ですので,

$$E(r_j) = r_f + \frac{E(r_M) - r_f}{\sigma_M} \rho_{jM} \sigma_j \tag{8}$$

と書き換えることができます。(8)式より，投資家は，リスクの市場価格 $\frac{E(r_M) - r_f}{\sigma_M}$ に資産 j のリスク量の尺度 $\rho_{jM}\sigma_j$ を乗じたものを，リスク負担に対する報酬部分として要求していることがわかります。

相関係数は－1から1の間をとる値ですので，ρ_{jM} が1でない限り，$\rho_{jM}\sigma_j < \sigma_j$ が成立します。このことは，投資家が，資産のリスクのすべて（資産のリターンの標準偏差 σ_j）ではなく，その一部分しかリスクとみなしていないことを意味しています。

この $\rho_{jM}\sigma_j$ は，資産 j のリターンとマーケット・ポートフォリオのリターンが連動している部分であることから，**システマティック・リスク**といいます。システマティック・リスクは，投資家が分散投資を行ったとしても消去できないという特徴があります。

一方，資産 j の総リスク σ_j とシステマティック・リスクとの差である $(1 - \rho_{jM})\sigma_j$ は，マーケット・ポートフォリオのリターンと連動しない部分なので，**アンシステマティック・リスク**といいます。こちらのリスクは，分散投資によって消去可能です。

したがって，企業全体のリスク（**総リスク**）は，システマティック・リスクとアンシステマティック・リスクに分解することができます（**図表6-13**）。これはリスクマネジメントと企業価値の関係において重要な意味をもっていますので，第9章で改めて議論します。

4 CAPMとリスクマネジメント
この章のまとめと発展課題

　この章では，企業のリスクマネジメントへの橋渡しとして，ファイナンスの基本理論である現代ポートフォリオ理論（MPT）と資本資産価格モデル（CAPM）について説明しました。

　Ex.6-1 では，分散投資を行うことで，ポートフォリオのリターンの標準偏差が，各株式をその投資割合で加重平均した値よりも小さくなることを確認しました。したがって，リスクとリターンに基づいて投資を行う合理的なリスク回避的投資家を想定した場合，分散投資を行うことで彼らの効用を高めることができます。最終的には，投資家は無リスク資産とある特定のリスク資産のポートフォリオ（接点ポートフォリオ）の組み合わせによって最適ポートフォリオを決定することになります。これを分離定理といいます。

　Ex.6-2 では，すべての投資家が接点ポートフォリオを保有することが何を意味するのかについて検討しました。均衡状態において，すべての投資家は各リスク資産に対して，市場全体におけるその資産の時価総額の割合分を投資することになります。このポートフォリオのことを，マーケット・ポートフォリオといいます。

　MPTを基礎として，個々の資産とマーケット・ポートフォリオとのリスクとリターンの関係を示したものがCAPMです。CAPMは，超過リターン（資産の期待リターンと無リスク利子率との差）が，ベータに比例することを示しています。したがって，個別資産の期待リターンは，その資産のリスク全体（総リスク）ではなく，その一部分しか反映していないことになります。この期待リターンに反映される部分のリスクのことをシステマティック・リスクといい，分散投資によって消去できない部分を表しています。一方，期待リターンに反映されない部分のリスクをアンシステマティック・リスクといい，分散投資によって消去される部分を表しています。

　ファイナンス理論の観点からリスクマネジメントを考えるとき，CAPMには大変重要な含意があることがわかります。投資家がCAPMにしたがっ

て企業の株価を評価するならば，投資家はあくまでシステマティック・リスクしかリスクとして認識しないことを企業は知っておく必要があります。したがって，企業がリスクマネジメント手法の意思決定を行う際，その手法がシステマティック・リスクとアンシステマティック・リスクのどちらのリスクに影響を与えるのかを考えなければなりません。

Training　　　　　　　　　　　　　　　　　　　　　解いてみよう

1．ある株式のベータ値が1.2であると予想されています。無リスク利子率が2%，マーケット・ポートフォリオの期待リターンが5%であるとき，この株式の期待リターンを，CAPMを使って求めてください。
2．図表6-4に描かれている実線の無差別曲線をもつ投資家と点線の無差別曲線をもつ投資家は，どちらがリスク回避的であるといえるでしょうか。その根拠についても説明してください。
3．図表6-9に描かれているように，無リスク資産とリスク資産のポートフォリオの集合が直線になる理由を，(2)式と(4)式を参考に考えてみましょう。

Discussion　　　　　　　　　　　　　　　　　　　　　議論しよう

　株式Aと株式Bは，次の表のとおり株式Bより株式Aのリターンの標準偏差が低いにもかかわらず，株式Aの期待リターンのほうが高くなっています。このような状況は，ファイナンス理論上起こりえるのか考えてみましょう。
（ヒント：CAPM，マーケット・ポートフォリオ，ベータ，総リスク，システマティック・リスク，アンシステマティック・リスク）

	株式A	株式B
期待リターン	12%	6%
標準偏差	8%	10%

第7章 資本構成

Learning Points
- ▶企業の資本構成に関する基本的な考え方について学習します。
- ▶完全市場において，企業の資本構成は企業価値と無関連であることを理解します。
- ▶事業内容によって生じる事業リスクと，負債を高めることで生じる財務リスクについて理解します。

Key Words
MM命題　負債のレバレッジ効果
事業リスクと財務リスク　負債の節税効果

1 コーポレートファイナンスと資本構成の問題
この章で学ぶこと

　第6章では，主に投資家の立場から，彼らの効用を最大化するためにどのように投資を行っていけばよいのかについて学びました。この章と第8章では，企業の立場から，ファイナンス理論を前提としたうえで企業価値を最大化するために資金をどのように活用すればよいのかについて学習します。

　企業は，投資家から資金を調達して，集めてきた資金を有効に活用し，そこから得られたキャッシュフローを投資家に還元するといったサイクルを繰り返しています。図表7-1は，こうした資金の流れに沿った企業の意思決定を示しています。

　まず，企業は，資金提供者（個人投資家や，銀行などの金融機関等）から資金調達を行います。ここで考えなければならないのが，資本コストという概念です。

　企業は，ヒト，モノ，カネ，情報といったさまざまな経営資源を活用して，

図表 7-1 ▶▶▶ **資金の流れと企業活動**

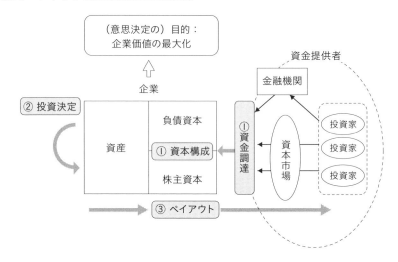

製品やサービスという形で付加価値を生み出し，利益を得ています。こうした経営資源を手に入れるためにはその対価が必要となります。たとえば，従業員は労働力を提供する見返りとして賃金という対価を要求するでしょうし，供給業者は原材料を提供する見返りとして原材料費という対価を要求するでしょう。同じく，資金を提供する投資家も，彼らの投資の見返りを要求するはずです。このように資本提供者に対する見返りのことを**資本コスト**（Cost of Capital）といいます。

資金調達を行う際，第6章で説明したように負債発行と株式発行の2つの方法があります。債権者が要求する見返りのことを**負債資本コスト**といいます。債権者は企業に資金を貸し付ける際に何%かの利息を受け取る約束をしていますので，通常は利息が負債資本コストとなります。一方で，株主が要求する見返りのことを**株主資本コスト**といいます。株主は，株式を購入することで将来の株式配当や株の値上がり益によって利益を得ることを期待しています。したがって，株式の期待リターンが株主資本コストとなります。株式投資のほうが債券投資よりもリスクが高い投資であるとみなされるため，通常は株主資本コストのほうが負債資本コストよりも高くなります。

企業はこうした状況をふまえたうえで，資金を調達する際に株式発行で資

金を調達するか（株主資本），それとも負債発行で資金を調達するか（負債資本）を決めなければなりません。たとえば，ある企業が1億円の資金を調達する際，その1億円を負債で調達するか，株式で調達するか，それとも株式と負債でそれぞれ5,000万円ずつ調達するかなど，さまざまな選択肢があります。企業がどのような割合で負債資本と株主資本のバランスをとるか決めることを，**資本構成**の問題といいます。

次に，企業は集めてきた資金をさまざまなプロジェクトに投資します。もっとも，資金には限りがありますので，効率のよい方法で投資を行う必要があります。たとえば，1億円を調達した企業は，今その1億円を投資することで1年後に1億5千万円が返ってくるプロジェクトAと，同じく1億円を投資することで3年後に2億円が返ってくるプロジェクトBがあった場合，どちらに資金を投じたらよいのでしょうか。こうした意思決定上の問題を，**投資決定**といいます。

最後に，企業は経営活動によって獲得した利益を投資家に還元します。通常，企業は債権者に利息を支払い，株主に配当を支払うことになりますが，それ以外にも，内部留保して新たな投資プロジェクトに再投資したり，自社株を買い戻すことで株主に還元したりすることもできます。投資家に利益を還元する方針を決める問題を，**ペイアウト政策**といいます。

このように，資金の流れに沿って企業の主な意思決定を追っていきますと，①資金調達（資本構成），②投資決定，③ペイアウト政策となります。これらはコーポレートファイナンスにおける重要なテーマとなっています。第6章でも強調しましたが，企業はこうした意思決定を行う際に，企業価値最大化を目的として行動することが要求されます。この章では，こうしたトピックの中から，資本構成と企業価値の関係について学んでいきます。

2 MMの無関連性命題

先に述べたとおり，企業は資金調達を行う際，負債資本と株主資本の割合（資本構成）を決める必要があります。では，資本構成の違いが，企業価値にどのような影響を及ぼすのでしょうか。

この点を考える際に，まずは**完全市場**を想定して検討していきましょう。完全市場とは，①証券の発行や売買に関して取引コストがかからない，②税金を考慮しない，③すべての市場参加者は，無リスクかつ自由に資金の貸し借りができる，④すべての市場参加者は，情報を自由かつ公平に利用できる，⑤個々の売り手や買い手が市場価格に影響を及ぼすことはない，という条件を満たし，資本市場が完全競争にある状況を指しています。

Ex. 7-1　例題

内田建設と佐々木工務店という2つの企業があります。両社は事業環境が全く同じであり，1年後に会社を清算し，残った資産500万円を投資家に分配します。両社の違いは資本構成のみであり，内田建設は資本すべてを株式で調達していますが，佐々木工務店は300万円を10%の利息で負債調達し，残りを株式で調達しています。両社とも100株の株式を発行しており，手元に残った資産から負債元本と支払利息を差し引いた残りの資産はすべて株主のものとなります。完全市場を想定するとき，以下の問いに答えてください。

— Q1　現在，内田建設と佐々木工務店の株式時価総額がそれぞれ X 万円，Y 万円であるとします。現在の両社の企業価値を式で示してください。

— Q2　佐々木工務店の株式を1株購入したとき，この投資にかかる金額と，1年後の投資収入額を求めてください。

— Q3　同じく内田建設の株式1株を購入します。ただし，資金不足のため10%の利息で3万円を借り入れるとします。この投資案にかかる金額と，1

年後の投資収入額を求めてください。

R to A

解答と解説

Q1 第6章の冒頭で説明したように、企業価値は負債価値と株主価値の合計額として求められます。したがって、両社の企業価値は以下のとおりです。

内田建設の企業価値　　　＝ X（万円）
佐々木工務店の企業価値＝ $300 + Y$（万円）

Q2 現在の佐々木工務店の株価は、時価総額Y万円を100株で割った$\frac{Y}{100}$万円となります。この株式を1株購入しますので、このときにかかる投資額は、$\frac{Y}{100}$万円になります。

佐々木工務店は1年後に500万円の資産が残りますので、そこから負債元本300万円に支払利息の30万円（＝300×0.1）を加えた330万円を債権者に支払い、残りの170万円を株主に分配します。したがって、170万円の100分の1にあたる1.7万円が、佐々木工務店の株式を1株購入したことによって得られる収入額となります。

Q3 現在の内田建設の株価は、時価総額X万円を100株で割った$\frac{X}{100}$万円であり、1株購入にかかる金額は$\frac{X}{100}$万円となります。他方で、3万円を借り入れていますので、このときにかかる投資額は、株式購入額から3万円を差し引いた$\frac{X}{100} - 3$万円となります。

内田建設は借り入れを行っていませんので、1年後に残った500万円の資産がそのまま株主のものとなります。したがって、この投資によって500万円の100分の1にあたる5万円が、同社の株式を1株購入したことによって得られる収入額となります。ただし、3万円の借り入れを行っていますので、1年後に利息0.3万円を加えた3.3万円を返済しなければなりません。その結果、5万円から3.3万円を差し引いた1.7万円が、この投資から得られる正味の収入額となります。

以上のように，Q2の投資案もQ3の投資案も，1年後に1.7万円の投資収入が手に入ります。第6章で説明したとおり，リスク回避的で合理的な投資家は，リスクが同じであればリターンがより高いほうを選択します。内田建設も佐々木工務店も全く同じ事業環境ですので，両投資案のリスクは同じであり，投資リターンも等しくなければなりません。したがって，

　　Q2の投資額＝Q3の投資額
　　$\dfrac{Y}{100} = \dfrac{X}{100} - 3$

という関係が成り立ちます。この式を整理しますと，

　　$X = 300 + Y$

となります。したがって，Q1の結果から，

　　内田建設の企業価値＝佐々木工務店の企業価値

となることがわかります。**図表7-2**は，内田建設と佐々木工務店の期首および期末の財政状態を示しています。

図表7-2 ▶▶▶内田建設と佐々木工務店の期首・期末時点の財政状態

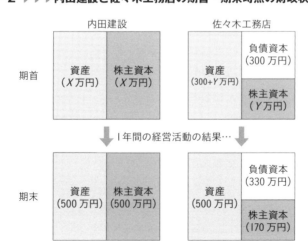

Ex.7-1 の設定より，内田建設と佐々木工務店は資本構成以外に違いはありません。このことから，「完全市場において資本構成の違いは企業価値に影響を及ぼさない」ということがわかります。このことを証明したのはモディリアーニとミラーという学者で，彼らの名前をとって，**MMの**（**資本構成の**）**無関連性命題**（**MM命題**）といいます。

3 負債のレバレッジ効果

MM命題では，完全市場において資本構成の違いが企業価値に影響を及ぼさないことを示しています。それでは，資本構成を変えることによって，何か変化するものがあるのでしょうか。次の例題で検討してみましょう。

Ex. 7-2 例題

内田建設と佐々木工務店は，好況であれば1年後に手元に残る資産が600万円になりますが，不況であればその額が400万円になるとしましょう。好況と不況になる確率はそれぞれ50％であるとします。その他の条件はすべて，Ex.7-1 と同じであるとき，以下の問いに答えてください。

Q1 内田建設の現在の株式時価総額は400万円であるとします。このとき，佐々木工務店の現在の株式時価総額はいくらですか。

Q2 両社の株式の期待リターンを求めてください。

R to A 解答と解説

Q1 内田建設は負債をもっていませんので，株式時価総額400万円がそのまま企業価値となります。Ex.7-1 の**Q1**から佐々木工務店の企業価値は$300+Y$万円ですので，MM命題より内田建設と佐々木工務店の企業価値は等しいことから，

図表7-3 ▶▶▶内田建設のケース

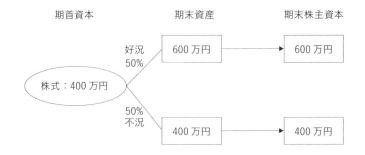

図表7-4 ▶▶▶佐々木工務店のケース

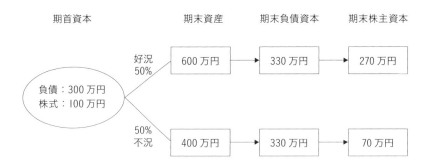

$$400 = 300 + Y$$

となり，佐々木工務店の株式時価総額は100万円となります。

- Q2　まず，内田建設のケースを考えてみましょう（**図表7-3**）。内田建設は株主資本400万円で負債はもっていませんので，手元に残る資産はすべて株主のものとなります。

　株式数は100株ですので，現在の株価は4万円となり，好況であれば1年後に1株6万円，不況であれば1株4万円もらえることになります。好況・不況になる確率はそれぞれ50%ですので，1年後の期待株価は5万円（＝6×0.5＋4×0.5）となります。したがって，内田建設の期待株式

リターンは,

$$\frac{(5-4)}{4} = 0.25 \,(25\%)$$

となります。

　次に，佐々木工務店のケースを考えてみましょう(**図表7－4**)。佐々木工務店は負債資本300万円で株主資本が100万円となっています。手元に残った資産のうち，元本と利息の合計額である330万円が債権者に帰属するキャッシュフローとなり，株主へのキャッシュフローはその残りとなります。

　株式数は100株ですので，現在の株価は1万円となり，好況時は1株2.7万円，不況時は1株0.7万円もらえることになります。このことから，1年後の期待株価は1.7万円（＝2.7×0.5＋0.7×0.5）となります。したがって，佐々木工務店の期待株式リターンは,

$$\frac{(1.7-1)}{1} = 0.7 \,(70\%)$$

となります。

　ここで，両社の株式の期待リターンを比較すると，佐々木工務店のほうが高い期待リターンを得ることがわかります。全く同じ事業内容であるにもかかわらず，なぜ期待リターンに違いが出たのでしょうか。

　皆さんお気付きのとおり，両社の違いは資本構成にあります。内田建設は100％株式で資金調達を行っているのに対して，佐々木工務店は負債調達も行っています。佐々木工務店の株主にしてみれば，債権者から借り入れた資金を活用することで，より少ない元手で商売をしていることになります（もちろん，債権者もタダでお金を貸してくれるわけではありませんので，彼らに利息を付けて返済する必要があります）。あたかも，負債が「てこの原理」のような役割を果たしていることから，このことを**負債のレバレッジ効果**といいます。

4 事業リスクと財務リスク

　Ex.7-2から，負債による資金調達を行うことでレバレッジ効果により高い期待株式リターンが得られることがわかりました。では，株主にすれば，内田建設に投資するよりも，同じような事業を営み，かつリターンの高い佐々木工務店に投資するほうが正解なのでしょうか。

　両社の好況時と不況時のそれぞれの状況での株式リターンがどうなっているのか確認してみましょう。

　図表7-5からわかるとおり，好況時に佐々木工務店の株式は内田建設の株式よりも高いリターンを上げている一方，不況時ではリターンがマイナスとなっています。両社のリターンの標準偏差を計算してみますと，内田建設が25%であるのに対して，佐々木工務店は100%とリスクが高くなっています。

　なお，第6章で説明した$CAPM$に基づくと，株式の期待リターンはベータの大きさに依存しますので，佐々木工務店のベータは内田建設のベータよりも高いことを意味しています。

　ベータは，景気の変動や産業固有の要因といった事業内容によって生じる**事業リスク**とレバレッジを高めることで生じる**財務リスク**に分解することができます。

　　　ベータ＝事業リスク＋財務リスク

　したがって，内田建設と佐々木工務店は，事業リスクは同じですが，財務リスクの点で負債資本を活用している佐々木工務店のほうが高いために，ベータの大きさ，ひいては期待リターンの大きさに違いが出たのです。この

図表7-5 ▶▶▶好況時と不況時における両社の株式リターン

内田建設 $\begin{cases} 好況：\dfrac{6-4}{4}=0.5\ (50\%) \\ 不況：\dfrac{4-4}{4}=0\ (0\%) \end{cases}$ 　　佐々木工務店 $\begin{cases} 好況：\dfrac{2.7-1}{1}=1.7\ (170\%) \\ 不況：\dfrac{0.7-1}{1}=-0.3\ (-30\%) \end{cases}$

点を数式で理解してみましょう。内田建設の期待株式リターンを$E(r_U)$とすると,

$$E(r_U) = \frac{E(V_U)}{S_U} - 1 = \frac{E(V_U)}{V_U} - 1 \tag{1}$$

と表すことができます。ここで，$E(V_U)$は内田建設の1年後の期待企業価値，S_UおよびV_Uは内田建設の現在の株主価値および企業価値を表しています。内田建設は負債がありませんので，$S_U = V_U$となります。

(1)式に Ex.7-2 の数値例を当てはめると，

$$E(r_U) = \frac{500}{400} - 1 = 0.25 (25\%)$$

となり，Q2 の解答と等しいことがわかります。

一方，佐々木工務店の期待株式リターンを$E(r_L)$とすると，

$$E(r_L) = \frac{E(V_L) - (1+r_f) B_L}{S_L} - 1 \tag{2}$$

と表すことができます。B_L，S_LおよびV_Lは佐々木工務店の現在の負債価値，株主価値および企業価値であり，r_fは無リスク利子率を表しています。佐々木工務店の負債利子率が無リスク利子率となっているのは，完全市場の定義③の「すべての市場参加者は，無リスクかつ自由に資金の借入・貸付ができる」ためです。

(2)式に Ex.7-2 の数値例を当てはめると，

$$E(r_L) = \frac{(500 - (1+0.1) \times 300)}{100} - 1 = 0.70 (70\%)$$

となり，Q2の解答と等しいことがわかります。

MM命題によって，内田建設と佐々木工務店の企業価値は等しいことから，

$$V_U = V_L = B_L + S_L \tag{3}$$

が成り立ちます。ここで，(1)，(2)，(3)式より，以下の(4)式が導出されます。

$$E(r_L) = E(r_U) + \frac{B_L}{S_L} (E(r_U) - r_f) \tag{4}$$

(4)式に **Ex.7-2** の数値例を当てはめると，

$$E(r_L) = 0.25 + \frac{300}{100} \times (0.25 - 0.1) = 0.7 \,(70\%)$$

となり，答えと一致することがわかります。また，CAPMより，

$$E(r_U) = r_f + \beta_U (E(r_M) - r_f) \tag{5}$$

となりますので（β_Uは内田建設のベータ値），(5)式を(4)式に代入して整理しますと，以下の(6)式が導出されます。

$$E(r_L) = r_f + \left(1 + \frac{B_L}{S_L}\right) \beta_U (E(r_M) - r_f) \tag{6}$$

ここで，CAPMより，

$$E(r_L) = r_f + \beta_L (E(r_M) - r_f) \tag{7}$$

となり（β_Lは佐々木工務店のベータ値），(6)式と(7)式を比較すると，

$$\beta_L = \beta_U + \frac{B_L}{S_L} \beta_U \tag{8}$$

という関係が導き出されます。したがって，佐々木工務店のベータβ_Lは，事業リスク（内田建設は負債をもっていませんので，内田建設のベータβ_Uがそのまま事業リスクを表しています）に，財務リスク$\frac{B_L}{S_L} \times \beta_U$を加えた値として表現できるのです。

5 節税効果

ここまで，完全市場のもとでの資本構成の問題について説明してきましたが，現実の世界は完全市場とは明らかに異なっています。たとえば，企業が得た利益に対して，現実には税金がかかります。この節では，税金を考慮した場合，資本構成と企業価値の関係にどのような変化が起きるのか検討してみましょう。

Ex. 7-3　　　　　　　　　　　　　　　　　　　　　例題

Ex.7-2 の状況に加えて、手元に残った資産から利息を差し引いた後の利益に対して、15%の税金がかかるとしましょう。このとき、以下の問いに答えてください。

Q1 両社の期待税金支払い額を求めてください。

Q2 内田建設の現在の企業価値が340万円であるとき、佐々木工務店の企業価値を求め、両社の企業価値を比較してください。

R to A　　　　　　　　　　　　　　　　　　　　解答と解説

Q1 内田建設のケースを考えてみましょう。内田建設は負債をもっていませんので、利益に対してそのまま15%の税金がかかることになります（図表7-6）。したがって、内田建設の期待税金支払い額は、

$$90 \times 0.5 + 60 \times 0.5 = 75（万円）$$

となります。

一方で、佐々木工務店のケースは**図表7-7**のとおり、利息の30万円を差し引いた後の利益に対して税金がかかります。したがって、佐々木工務店の期待税金支払い額は、

図表7-6 ▶▶▶内田建設のケース

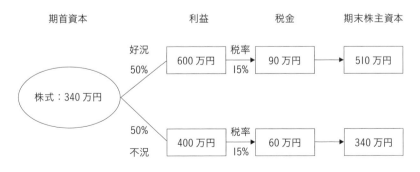

図表 7-7 ▶▶▶ 佐々木工務店のケース

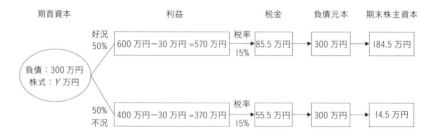

$$85.5 \times 0.5 + 55.5 \times 0.5 = 70.5(万円)$$

となります。

両社を比較すると，好況時でも不況時でも佐々木工務店のほうが，内田建設よりも税金支払い額が小さくなっていることがわかります。この原因は，負債の利用によって課税対象となる利益が小さくなったためです。これを**負債の節税効果**といいます。

Q2 Ex.7-1のQ3と同じ方法で，1年後に全く同じ収入が得られる投資案を考えてみましょう。

まず，佐々木工務店の株式を1株購入することで，1年後に好況時で1.845万円，不況時では0.145万円が得られます。これを投資案Aとします。

次に，内田建設の株式を1株購入し，Z万円の借り入れを行うことで，1年後に投資案Aと同じ投資収入が得られる投資案Bを考えてみましょう。投資案Bでは，内田建設の株式から，好況時では5.1万円，不況時では3.4万円の投資収入が得られる一方で，元利合計で$1.1 \times Z$万円を返済する必要があります。したがって，

好況時の収入：$5.1 - 1.1 \times Z = 1.845$
不況時の収入：$3.4 - 1.1 \times Z = 0.145$

となりますので，Zは約2.959万円となります。

投資案Aと投資案Bは好況時でも不況時でも同じ投資収入が得られる

ので，両者の初期投資額は等しくなる必要があります。内田建設の現在の企業価値は340万円であるため，株式時価総額も同じ340万円となります。したがって，内田建設の株価は3.4万円です。ここで，佐々木工務店の現在の株主価値をY万円とすると，株価は$\frac{Y}{100}$万円ですので，

投資案Aの投資額＝投資案Bの投資額
$$\frac{Y}{100} = 3.4 - 2.959$$

が成り立ちます。

したがって，佐々木工務店の現在の株主価値は$Y=44.1$万円となります。さらに，佐々木工務店は300万円の負債資本をもっていますので，同社の現在の企業価値は，344.1万円となります。

このことから，佐々木工務店の企業価値と内田建設の企業価値を比較しますと，

佐々木工務店の企業価値＝内田建設の企業価値＋4.1万円
　　（344.1万円）　　　　　（340万円）

となり，佐々木工務店の企業価値のほうが内田建設の企業価値よりも4.1万円大きくなっていることがわかります。

この4.1万円という数字は，内田建設の期待税金支払い額75万円と佐々木工務店の期待税金支払い額70.5万円の差額4.5万円の現在価値（＝$\frac{4.5}{1.1}$）に相当します（現在価値は次の第8章で学びます）。つまり，負債資本を活用することで，活用していない状況に比べて企業価値は大きくなります。これを**MMの修正命題**といいます。

6　資本構成と企業価値の関係
この章のまとめと発展課題

この章では，コーポレートファイナンスのテーマの中から，資本構成に関するトピックを取り上げ，資本構成の違いが企業価値にどのような影響を及ぼすのかについて学習しました。

Ex. 7-1 では，完全市場のもとで，資本構成の違いは企業価値に影響を及ぼさないことを学びました（MM命題）。**Ex. 7-2** では，負債を活用することで，株主はより少ない資金で高い期待リターンを獲得できることを確認しました（負債のレバレッジ効果）。負債を活用することで，株主は財務リスクを負担し，そのリスク分を反映して期待リターンが高まることになります。**Ex. 7-3** では，完全市場の仮定を一部緩め，税金を考慮した場合に，資本構成が企業価値に及ぼす影響を再検討しました。その結果，負債資本を活用することで，期待税金支払額が減少することがわかりました（負債の節税効果）。そして，企業価値は，この負債の節税効果の現在価値分だけ負債資本を活用していない状況に比べて増大します（MMの修正命題）。

資本構成に関する議論は，コーポレートファイナンスの重要なテーマであることから，さまざまな理論が提唱されています。MMの修正命題では，負債資本を際限なく活用することで，企業価値を極限まで高めることができることを示唆していますが，現実にはそこまで大きなレバレッジを掛けている企業はあまり多くありません。このような状況を説明するための理論として，トレードオフ理論やペッキングオーダー理論などがあります。

トレードオフ理論では，負債資本を活用することは節税効果を高める一方で，倒産に関するコストも大きくしてしまうことを示唆しています。そのため，節税効果と倒産に関するコストはトレードオフの関係にあり，企業は最も企業価値を高める最適な資本構成を維持する必要があります。

ペッキングオーダー理論では，企業と投資家間の情報の非対称性を原因として，企業が資金調達する際に，発行した証券を投資家が過小評価する可能性に注目しています。こうした過小評価を避けるために，企業は内部資金（過小評価コスト無し），負債資本調達（過小評価コスト小），株主資本調達（過小評価コスト大），という優先順位で資金調達を行うことになります。

Training　　　　　　　　　　　　　　　　　　　　解いてみよう

1. Ex.7-2 において，内田建設のベータ値が0.8であるとします。このとき，佐々木工務店のベータ値を求めてください。

2. Ex.7-3 において，以下のような状況に設定を変えた場合，佐々木工務店の企業価値を求めてください。

    (1) 借入金額を300万円から200万円にしたとき。
    (2) 借入利息が10%から5%になったとき。
    (3) 税率が15%から18%になったとき。

第8章 企業価値と企業の投資決定

Learning Points
- ▶貨幣の時間的価値を理解し,現在価値と将来価値について学びます。
- ▶企業価値が理論的にどのように決まるのかについて学習します。
- ▶企業の投資決定に関する基本的な考え方について理解します。

Key Words
貨幣の時間的価値　割引キャッシュフロー(*DCF*)法
正味現在価値(*NPV*)

1 企業価値の評価
この章で学ぶこと

　第7章の冒頭で説明したように,資金に関する企業の重要な意思決定として,①資金調達(資本構成),②投資決定,③ペイアウト政策,があげられます。第7章では資本構成に関する基本的な考え方を解説しましたが,この章では企業の投資決定の問題を取り上げます。

　これまでに何度も述べたとおり,企業の目的は企業価値を高めることにあります。投資決定の問題も,最も企業価値を高めるプロジェクトはどれかという視点で検討する必要があります。第6章では,企業価値を負債価値と株主価値(株式時価総額)の合計と捉えました。ただし,このアプローチは何が企業価値を高める要因となっているのかの手掛かりを与えてくれません。企業価値は,理論上どのように決まっているのでしょうか。

　企業価値の考え方を理解するために,まずはファイナンスの基本原則である貨幣の時間的価値について説明し,将来価値,現在価値の概念について学習します。そして,代表的な企業価値評価手法である割引キャッシュフロー(*DCF*)法について説明します。最後に,正味現在価値(*NPV*)を紹介し,

NPVが最も高い投資案を選択することが、企業価値の最大化につながることを示します。

2 貨幣の時間的価値

ファイナンスの基本的な考え方に**貨幣の時間的価値**という概念があります。これにしたがえば、「今日の1円と1年後の1円は価値が異なる」ということになります。この貨幣の時間的価値について、身近な例を手掛かりにして考えていきましょう。

Ex. 8-1 例題

芹田さんは今100万円を保有しており、これを銀行に預金すれば、年5％の利息を毎年必ず受け取れます。このとき、以下の問いに答えてください。

Q1 芹田さんが今100万円を預金すれば、2年後に預金残高はいくらになっているでしょうか。

Q2 芹田さんの父親は、芹田さんに対して資産の贈与を検討しています。芹田さんに今すぐに500万円を贈与する案と、5年後に600万円を贈与する案があったとき、芹田さんにとってどちらが有利でしょうか。贈与にかかる税金や物価の変動といった他の要素は無視して考えてください。

R to A 解答と解説

Q1 芹田さんの1年後の預金残高は、利息の5万円（＝100×0.05）に元本の100万円を足した105万円となります。

　　元本　　　　　　　　：100（万円）
　　1年後の利息　　　　：100×0.05＝5（万円）
　　1年後の預金残高　　：100＋5＝105（万円）

さらに，105万円をもう1年5％の利息で預けるため，2年後の預金残高は，以下のとおりとなります。

元本＋1年後の利息　　　　：105（万円）
（1年経過時点の預金残高）
2年後の利息　　　　　　　：105×0.05＝5.25（万円）
2年後の預金残高　　　　　：105＋5.25＝110.25（万円）

ファイナンス論では，元本と受け取った利息にも利息がつく**複利**で計算するのが一般的です。利子率が年利rのとき，元本P円のn年後の元利合計FVは以下の式で求めることができます。

$$FV = P \times (1+r)^n \tag{1}$$

資金の将来のある時点での価値のことを，**将来価値**（Future Value）といいます。**Q1**の場合，100万円の2年後の将来価値は，(1)式に当てはめると，

$$100 \times (1+0.05)^2 = 110.25（万円）$$

になり，答えと一致します。

Q2 今すぐ500万円を受け取った場合，その500万円をすぐに銀行に預金することによって得られる5年後の将来価値は，以下のとおりとなります。

$$500 \times (1+0.05)^5 = （約）638.14（万円）$$

したがって，今すぐ500万円を得たときの5年後の将来価値は638.14万円となり，5年後に600万円もらうよりも高い価値であることがわかります。このことから，芹田さんにとって，今すぐに500万円を受け取るほうが有利となります。

この説明では，現時点の500万円を5年後の将来価値に換算することで評価しましたが，逆に5年後の600万円を現時点の価値に換算することで評価することもできます。将来の資金の現時点の価値を**現在価値**

(Present Value)といい，以下の式で求めることができます。

$$PV = \frac{FV}{(1+r)^n}$$

つまり，現在価値は，将来価値をn年複利で割り引いた値となります。このときのrのことを**割引率**(Discount Rate)といいます。(2)式より，5年後の600万円の現在価値は，

$$\frac{600}{(1+0.05)^5} = (約)470.12(万円)$$

となり，現時点の500万円よりも価値が低く，今すぐに500万円を受け取るほうが有利であることがわかります。

このように，貨幣の時間的価値を考慮するならば，受け取る時点が異なる貨幣をそのままの金額で比較することはできません。もし，将来のさまざまな時点で資金の受け渡しが発生するならば，それらをすべて現在価値に換算したうえで評価することが必要なのです(図表8-1)。

図表8-1 ▶▶▶現在価値と将来価値のイメージ（年利5％のケース）

3 割引キャッシュフロー法

企業価値の評価にはさまざまな手法が存在しますが，**割引キャッシュフロー**(Discounted Cash Flow：**DCF**)**法**は，現在価値をベースとした代表的な企業価値評価方法です。DCF法によると，企業価値Vは以下の式によって求められます。

$$V = \frac{E(NCF_1)}{1+r} + \frac{E(NCF_2)}{(1+r)^2} + \frac{E(NCF_3)}{(1+r)^3} + \cdots = \sum_{t=1}^{\infty} \frac{E(NCF_t)}{(1+r)^t} \qquad (3)$$

ここで，E(NCF_t)はt年後に投資家が受け取る**正味キャッシュフロー**（Net Cash flow）の期待額，rは割引率（資本コスト）を表しています。なお，正味キャッシュフローは，キャッシュインフロー（企業に入ってきた金額）からキャッシュアウトフロー（企業から出ていった金額）を引いた値です。すなわち，DCF法によれば，企業価値は，企業が将来にわたって獲得する正味キャッシュフローの期待値を，その企業の資本コストで割り引いた現在価値の合計額として評価されます（**図表8-2**）。

図表8-2 ▶▶▶ DCF法のイメージ

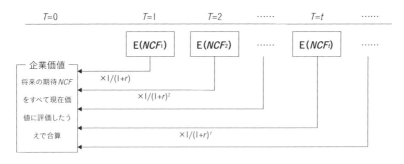

Ex. 8-2 例題

井上不動産は100％株式で資金調達を行っており，1年後に4,000万円，2年後に4,500万円の正味キャッシュフローが予想されています。同社は，3年後に会社を清算して1億円を投資家に分配することで，経営活動を終えるものとしましょう。さらに，同社は現在3,000万円の現金を保有しており，全額配当として株主に還元する予定です。また，同社の資本コストは8％であるとします。このとき，以下の問いに答えてください。

— **Q1** DCF法にしたがうと，3,000万円の配当を行う前と後の井上不動産の企業価値はいくらですか。

— **Q2** 井上不動産の資本コストが12％に上昇したとします。その他の条件が同じであれば，井上不動産の企業価値はQ1のときよりも増大するでしょ

うか，減少するでしょうか。

R to A

解答と解説

Q1 配当前の井上不動産の期待正味キャッシュフローは**図表8−3**のとおりです。資本コストは8％ですので，*DCF*法によると，配当前と後の井上不動産の企業価値Vは以下のとおりとなります。

$$配当前：V = 3{,}000 + \frac{4{,}000}{1.08} + \frac{4{,}500}{(1.08)^2} + \frac{10{,}000}{(1.08)^3} = (約)18{,}500（万円）$$

$$配当後：V = \frac{4{,}000}{1.08} + \frac{4{,}500}{(1.08)^2} + \frac{10{,}000}{(1.08)^3} = (約)15{,}500（万円）$$

図表8−3 ▶▶▶井上不動産の期待正味キャッシュフロー

$T=0$	$T=1$	$T=2$	$T=3$
3,000万円	4,000万円	4,500万円	10,000万円

したがって，同社は配当後に配当額3,000万円分だけ企業価値が減少します。これを，配当落ちといいます。

Q2 Q1で求めた配当後の企業価値の式の割引率を8％から12％に置き換えて計算すると，井上不動産の企業価値は以下のとおりとなります。

$$V = \frac{4{,}000}{1.12} + \frac{4{,}500}{(1.12)^2} + \frac{10{,}000}{(1.12)^3} = (約)14{,}277（万円）$$

したがって，もし井上不動産の資本コストが12％に上昇すれば，同社の企業価値は減少します。

このように，その他の条件が同じであれば，割引率である資本コストが上昇するほど企業価値は減少し，逆に資本コストが低下するほど企業価値は増大します。資本コストのもつ意味については，次の第9章でより詳細に説明します。

4 正味現在価値(NPV)

　企業はさまざまな投資案件の中から，最も企業価値を高めるような投資プロジェクトを選択する必要があります。これまでに説明してきた現在価値ベースの評価法は，投資決定にも応用することが可能です。次の例題で検討してみましょう。

Ex. 8-3 例題

　Ex. 8-2 の井上不動産は，ある遊休地を活用して，そこに(A)商業ビルを建設する計画，もしくは(B)マンションを建設する計画について検討しています。この土地には商業ビルかマンションのどちらかしか建設することができません。どちらのプロジェクトも3年で終了し，初期投資にかかる費用として3,000万円を要します。初期投資額を含めた各プロジェクトの期待正味キャッシュフローは図表8-4のとおりです。各プロジェクトの割引率は同社の資本コストと同じ8％であるとします。このとき，以下の問いに答えてください。

図表8-4 ▶▶▶ 井上不動産の投資プロジェクト案

	$T=0$	$T=1$	$T=2$	$T=3$
(A) 商業ビル	－3,000万円	500万円	600万円	2,500万円
(B) マンション	－3,000万円	2,400万円	700万円	400万円

Q1 各プロジェクトは期間を通じて，現在価値に換算していくらの期待正味キャッシュフローをもたらすでしょうか。

Q2 井上不動産は，現在保有している3,000万円の現金を配当に回さずに，どちらかのプロジェクトに投資することもできます。このとき，(A)商業ビルを建設する，(B)マンションを建設する，(C)プロジェクトを実行せず配当に回す，のどの選択肢が株主にとって望ましいでしょうか。

解答と解説

Q1 期間を通じた各プロジェクトの期待正味キャッシュフローの現在価値は以下のとおりです。

(A)商業ビル：$-3,000 + \dfrac{500}{1.08} + \dfrac{600}{(1.08)^2} + \dfrac{2,500}{(1.08)^3}$
$= (約) -38 (万円)$

(B)マンション：$-3,000 + \dfrac{2,400}{1.08} + \dfrac{700}{(1.08)^2} + \dfrac{400}{(1.08)^3}$
$= (約) 140 (万円)$

このように，各プロジェクトからもたらされるすべてのキャッシュフローを現在価値に換算して合算した値を，**正味現在価値**(Net Present Value：**NPV**)といいます。NPVは，以下の式で求めることができます。

$$NPV = -I + \dfrac{\mathrm{E}(NCF_1)}{1+r} + \dfrac{\mathrm{E}(NCF_2)}{(1+r)^2} + \cdots + \dfrac{\mathrm{E}(NCF_t)}{(1+t)^t} \qquad (4)$$

ここで，Iは初期投資額，$\mathrm{E}(NCF_t)$はt期における期待正味キャッシュフロー，rはそのプロジェクトの割引率を表しています。

Q2 もしこれらのプロジェクトが実行された場合，井上不動産はEx.8-2の状況に加えて，各プロジェクトからのキャッシュフローが追加的に得られるはずです。したがって，各プロジェクトを実行したとき，およびプロジェクトを実行しないときの同社の期待正味キャッシュフローは**図表8-5**のとおりとなります。

井上不動産全体の資本コストもプロジェクトの割引率も同じ8％ですので，各プロジェクトを採用したときの企業価値は以下のとおりとなります。

(A)商業ビル：$V = \dfrac{4,500}{1.08} + \dfrac{5,100}{(1.08)^2} + \dfrac{12,500}{(1.08)^3} = (約) 18,462 (万円)$

(B)マンション：$V = \dfrac{6,400}{1.08} + \dfrac{5,200}{(1.08)^2} + \dfrac{10,400}{(1.08)^3} = (約) 18,640 (万円)$

一方，プロジェクトを実行せず配当に回したときは，配当金3,000万円を企業価値に含めた1億8,500万円が株主に帰属することになります。

図表 8-5 ▶▶▶ 各プロジェクトを実行したときの井上不動産全体のキャッシュフロー

		T=0	T=1	T=2	T=3
(A)	商業ビル	0 円 (=3,000−3,000)	4,500 万円 (=4,000+500)	5,100 万円 (=4,500+600)	12,500 万円 (=10,000+2,500)
(B)	マンション	0 円 (=3,000−3,000)	6,400 万円 (=4,000+2,400)	5,200 万円 (=4,500+700)	10,400 万円 (=10,000+400)
(C)	配当	3,000 万円	4,000 万円	4,500 万円	10,000 万円

$$(C)配当:V=3,000+\frac{4,000}{1.08}+\frac{4,500}{(1.08)^2}+\frac{10,000}{(1.08)^3}=(約)18,500(万円)$$

　以上より，マンションの建設が最も企業価値を高めることにつながり，株主にとって望ましいものとなります。

　投資プロジェクトを実行することで，企業価値は，そのプロジェクトの NPV 分増減します。たとえば，マンション建設を実行することで，プロジェクト実行前の企業価値 1 億8,500万円から，マンション建設の NPV 140万円分企業価値が増大し，1 億8,640万円になっていることがわかります。つまり，企業価値を高めるためには，NPV が高い投資計画を実行しなければなりません。これが投資決定ルールの大原則です。

　逆に，商業ビル建設の NPV は−38万円ですので，この投資を実行すると，実行前よりも38万円少ない 1 億8,462万円に企業価値が減少しています。したがって，NPV がマイナスの投資計画を実行してしまいますと，企業価値を減少させることになりますので，このような投資を行うぐらいなら，配当に回して株主に利益を還元するほうがよいことになります。

5 / *DCF* 法と *NPV*
この章のまとめと発展課題

　この章では，企業価値と投資決定に関する基本的な考え方について学習しました。Ex.8-1 では，貨幣の時間的価値について説明し，受け取る時点が異なるキャッシュフローを評価する際には，現在価値に換算したうえで比較

する必要があることについて学びました。

Ex.8-2 では，企業価値の算定方法について説明しました。割引キャッシュフロー（DCF）法に基づくと，企業価値は，企業が将来にわたって獲得する期待正味キャッシュフローを資本コストで割り引いた現在価値の合計額として表すことができます。したがって，資本コストが大きくなるほど企業価値は低下し，逆に資本コストが小さくなるほど企業価値は増大することになります。

Ex.8-3 では，さまざまな投資案の中から，企業は何を基準として投資決定を行えばよいのかについて検討しました。その結果，正味現在価値（NPV）が高いプロジェクトを採用すれば，その分企業価値が増大することを確認しました。

第Ⅱ部では，ファイナンス理論の全体像にかかる内容について説明しましたが，あくまで第Ⅲ部の企業のリスクマネジメントを学ぶうえで必要最小限な内容しか触れていません。ファイナンスについてもっと深く勉強したい人は，「さらに学びたい人のために」を参考にしてみてください。

Training　　　　　　　　　　　　　　　　　　　　　　　　解いてみよう

溝渕製薬は，1年後に1,200万円の正味キャッシュフローを稼ぎ，その後毎年2％ずつ利益が増加していくことが予想されています。同社に負債はなく，資本コストは10％です。DCF法にしたがうとき，同社の現在の企業価値はいくらですか。

溝渕製薬の正味キャッシュフロー

$T=0$	$T=1$	$T=2$	$T=3$	…
	1,200（万円）	1,200×1.02= 1,224（万円）	1,200×$(1.02)^2$ =1,248.48（万円）	…

Working　　　　　　　　　　　　　　　　　　　　　　　　調べてみよう

企業価値評価と投資決定について，DCF法やNPV以外にどのような評価方法があるのでしょうか。調べてみましょう。

第 III 部

企業の
リスクマネジメント

第 9 章
リスクマネジメントと企業価値

第 10 章
倒産コストとリスクマネジメント

第 11 章
資産代替問題とリスクマネジメント

第 12 章
過少投資問題とリスクマネジメント

第 13 章
税便益とリスクマネジメント

第 14 章
経営者のリスク回避性とリスクマネジメント

第 15 章
全社的リスクマネジメント（*ERM*）

第9章 リスクマネジメントと企業価値

Learning Points

▶企業価値を決定する要因の一つである資本コストのもつ意味について理解します。

▶ファイナンス理論に基づけば，完全市場においてリスクマネジメントと企業価値とは無関連であることを考察します。

▶リスクマネジメントのために必要な追加的コストがかかる場合，リスクマネジメントは企業価値を引き下げる要因となりうることを理解します。

Key Words

資本コスト　加重平均資本コスト（WACC）
システマティック・リスク　アンシステマティック・リスク

1 リスクマネジメントとファイナンス理論
この章で学ぶこと

　第Ⅲ部の目的は，第Ⅰ部と第Ⅱ部で学んだ知識をふまえて，リスクマネジメントとファイナンス理論の融合をはかることにあります。具体的には，リスクマネジメントが企業価値にどのような影響を与えるのかについてさまざまな点から考察します。

　第Ⅱ部で学んだコーポレートファイナンスの観点からすれば，企業は企業価値を高めることが最大の目的とされています。そのため，企業にとって重要な意思決定は，それが企業価値や株主価値を高めるかどうかを基準に判断しなければなりません。この企業価値最大化の原則は，リスクマネジメントに関する意思決定においても例外ではありません。すなわち，リスクマネジメントが企業価値を高めるための理論的根拠が必要になります。

　まずこの章では，*CAPM*が成立し，完全市場を前提とした状況下で議論

を進めていきます。第7章で説明したように，完全市場とは，資本市場が①証券の発行や売買に関して取引コストがかからない，②税金を考慮しない，③すべての市場参加者は，無リスクかつ自由に資金の借入・貸付ができる，④すべての市場参加者は，情報を自由かつ公平に利用できる，⑤個々の売り手や買い手が市場価格に影響を及ぼすことはない，といった状況にあることを指しています。こうした仮定は非現実的でもありますので，第Ⅲ部を通じてこの仮定を緩めていきます。

2 資本コストの意味

リスクマネジメントと企業価値の議論に入る前に，第8章で説明したDCF法をもう一度振り返ってみましょう。

$$V = \frac{\mathrm{E}(NCF_1)}{1+r} + \frac{\mathrm{E}(NCF_2)}{(1+r)^2} + \frac{\mathrm{E}(NCF_3)}{(1+r)^3} + \cdots = \sum_{t=1}^{\infty} \frac{\mathrm{E}(NCF_t)}{(1+r)^t} \tag{1}$$

ここで，右辺の分子はその企業が将来にわたって獲得する正味キャッシュフローの期待額であり，分母の割引率はその企業の資本コストを反映しています。つまり，企業価値とは，将来企業が手にする期待正味キャッシュフローを現在価値に割り引いて，すべて足し合わせたものであると解釈できます。次の例題で確認してみましょう。

Ex. 9-1 例題

1年間のみ存続する村瀬工業という会社があります。同社に負債はなく，100%株式で資金調達を行っており，資本コストは8%です。同社は1年間何事もなく営業を続けていれば，期末に1,400万円の正味キャッシュフローが期待されています。一方で，工場に火災が発生し，操業を続けられなくなった場合，同社の期末の期待正味キャッシュフローは400万円に減少します。工場火災の発生確率は5%です。このとき，以下の問いに答えてください。

- **Q1** 村瀬工業の期首の企業価値はいくらですか。DCF法を使って求めてください。

- **Q2** 村瀬工業は1万株の株式を発行しています。このとき，同社の期首の株価を求めてください。

R to A

解答と解説

- **Q1** 村瀬工業が直面する状況は，図表9-1のとおりです。

  図表9-1 ▶▶▶保険購入前の村瀬工業の期待正味キャッシュフロー

  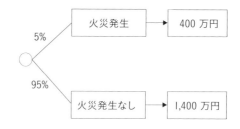

  同社の期末の期待正味キャッシュフローは，1,350万円（＝400×0.05＋1,400×0.95）となります。同社は1年のみの営業ですので，DCF法によると，村瀬工業の企業価値は，

  $$\frac{1,350}{1.08} = 1,250（万円）$$

  となります。

- **Q2** 村瀬工業には負債がないため，1,250万円がそのまま株主価値となります。したがって，期首の株価は1,250円（$=\frac{1,250万円}{1万株}$）となります。

DCF法から明らかなように，企業価値を高めるためには，①将来の期待正味キャッシュフローを増大させる（あるいはキャッシュフローを受け取るタイミングを早める），もしくは②資本コストを低下させる，ことが必要となります。

それでは，資本コストにはどういった意味があるのでしょうか。村瀬工業の期首の株価は1,250円ですので，1株購入するためには1,250円かかります。もしこの株式を1株購入すれば，1年後にいくらのキャッシュフローが期待されるでしょうか。

それは，同社に工場火災が発生したかどうかに依存します。もし火災が発生していなければ，同社は1,400万円の期待正味キャッシュフローとなることから，1株当たり1,400円のキャッシュフローを受け取ることが期待されます。このときの株式の期待リターンは，

$$\frac{1,400 - 1,250}{1,250} = 0.12 \ (12\%)$$

となります。

一方で，もし工場火災が発生していれば，同社は400万円の期待正味キャッシュフローとなり，1株当たり期待キャッシュフローは400円となります。このときの株式の期待リターンは，

$$\frac{400 - 1,250}{1,250} = -0.68 \ (-68\%)$$

となります。

したがって，火災が発生する確率を考えると，この株式の期待リターンは，

$$-0.68 \times 0.05 + 0.12 \times 0.95 = 0.08 \ (8\%)$$

となります。この値は資本コストと一致しています。つまり，資本コストは，投資家が企業に要求するリターンの期待値を意味しています。

資本コスト＝投資家が要求する期待リターン

投資家は大きく分けて債権者と株主がいますが，それぞれの要求する期待リターンは異なります。債権者が要求する期待リターン（通常は，負債利子率）を負債資本コスト，株主が要求する期待リターンを株主資本コストといいます。

Ex. 9-1 では100%株式で資金調達を行っていましたので，この場合の企

業の資本コストは株主資本コストのみとなります。なお，負債も発行している企業の資本コストは，それぞれの資本コストをその企業の資本構成で加重平均した値となります。これを**加重平均資本コスト**（Weighted Average Cost of Capital：**WACC**）といい，以下の式で表されます。

$$WACC = r_D \times \frac{D}{V} + r_E \times \frac{E}{V} \tag{2}$$

ここで，r_Dは負債資本コスト，r_Eは株主資本コストを表しています。さらに，Dは負債資本（＝有利子負債額），Eは株主資本（＝株式時価総額）であり，Vは負債資本と株主資本の合計です（すなわち，$V=D+E$が成立します）。さらに，(2)式に，第7章で説明した負債の節税効果を反映したバージョンもありますが，ここでは省略します。

3 保険購入と企業価値

先ほど説明したとおり，資本コストは投資家が企業に対して要求する最低限の期待リターンを示しています。リスク回避的な投資家は，その投資にかかるリスクが高いと判断すれば，より高い期待リターンを要求するはずです。したがって，資本コスト（＝投資家の要求期待リターン）は，投資家がその企業に対して見積もったリスクを反映したものとなります。

もしリスクマネジメントを実行することで，企業のリスクが低減し，その結果資本コストを引き下げることができたとしたら，リスクマネジメントには企業価値を高める効果が期待されます。では，本当にそういった効果が見込めるのでしょうか。ここでは，典型的なリスクマネジメント手段として保険を取り上げ，保険購入が企業価値にどのような影響を及ぼすのかについて検討しましょう。

Ex. 9-2 例題

村瀬工業は期末に50万円の保険料を支払うことで、工場火災が発生した際に1,000万円の保険金を受け取る保険の購入を検討しています。その他の条件はすべて、Ex. 9-1 と同じであるとき、以下の問いに答えてください。
(なお、その年度の保険契約に関する保険料を期末に支払うというのは、若干の違和感があるでしょうが、単純化のためにこのような設定にしています。より正確には「期末に50万円の将来価値をもつ保険料を期首に支払う」という設定になります。)

Q1 保険購入後の村瀬工業の期末の期待正味キャッシュフローを求めてください。

Q2 保険購入後(契約締結後)の村瀬工業の期首の企業価値はいくらですか。

R to A 解答と解説

Q1 村瀬工業に工場火災が発生しなかった場合と発生した場合を考えてみましょう(図表9-2)。もし工場火災が発生しなければ、同社は期末に1,400万円の正味キャッシュフローが期待されます。ただし、同社は期末に50万円の保険料を支払いますので、期末の期待正味キャッシュフローは保険購入前の1,400万円から50万円を差し引いた1,350万円となります。

一方で、工場に火災が発生すれば、期末の期待正味キャッシュフローは400万円となりますが、1,000万円の保険金を受け取りますので、合計額は1,400万円となります。ただし、こちらも期末に50万円の保険料を支払いますので、期末の期待正味キャッシュフローは1,350万円となります。

したがって、火災発生の有無にかかわらず、同社の期末の期待正味キャッシュフローは1,350万円となることから、保険購入後の期待正味キャッシュフローは1,350万円です。

図表9-2 ▶▶▶ 保険購入後の村瀬工業の期待正味キャッシュフロー

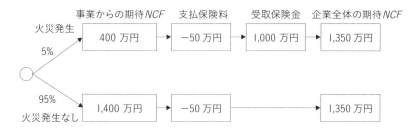

Q2　Ex.9-1 のQ1と Ex.9-2 のQ1の結果を比較すると、保険購入の有無にかかわらず期待正味キャッシュフローは同じ1,350万円ですから、村瀬工業の期首の企業価値は資本コストが保険購入後に変化するかどうかに依存します。

　答えを先にいいますと、理論上、資本コストは8％のままで変化しません。保険を購入すれば、火災発生の有無にかかわらず1年後の期待正味キャッシュフローが1,350万円となります。したがって、保険購入によって、同社の期待正味キャッシュフローのリスクが小さくなったことを考えると、資本コストが変化しないという答えは皆さんの直感に反するかもしれません。では、なぜ資本コストが低下しないのでしょうか。

　ここで仮に「保険購入によって資本コストが4％に低下した」としましょう。このとき、村瀬工業の企業価値は、

$$\frac{1,350}{1.04} = (約)1,298(万円)$$

となります。Ex.9-1 のQ2で検討したとおり、保険を購入しない場合の同社の企業価値は1,250万円であるため、保険購入によって企業価値が48万円増大していることになります。保険購入後の株価は1,298円となり、保険購入前に株主だった人からしてみれば、同社の保険購入は満足のいくことでしょう。

　ところで、保険購入直後に同社株を購入すれば、1年後の期待リターンは、

$$\frac{1,350 - 1,298}{1,298} = 0.04\ (4\%)$$

となり，資本コストと等しくなりますが，この株式投資は魅力的といえるのでしょうか。

その答えはNOです。なぜならば，第3章で説明した「保険購入（プーリング）によるリスク分散効果」は，第6章で説明した「分散投資によるリスク低減効果」と同様の機能をもっているからです。

この点を理解するために，以下のような状況を検討してみましょう。本質的な部分のみに焦点を当てるため，状況を単純化して考えることにします。今，村瀬工業と全く同じ経営状況にある企業が他に100社あるとしましょう。100社は各社バラバラな場所で営業を行っており，お互いの火災が他の会社に影響を及ぼすことはない（つまり，独立である）とします。

これら100社がいずれも保険を購入していなければ，各社の株価は保険未購入時の村瀬工業株と同じなので，Ex.9-1のQ2で検討したとおり1株1,250円で取引されているはずです。投資家が十分にお金をもっていれば，1株1,250円でこれら100社すべての株式を1株ずつ購入することができます。このときにかかる金額は，

1,250円×100株＝12万5,000円

です。このとき，この投資家のリターンはどうなるでしょうか。

100社はそれぞれ5％の確率で火災が発生します。100社は十分に多い数であるため大数の法則にしたがい，理論上は100社のうち95社は火災に遭わず，残りの5社は火災に遭うことになります。火災に遭わない95社の1株当たり期待正味キャッシュフローは1,400円となり，火災に遭う5社の1株当たり期待正味キャッシュフローは400円となりますから，この投資家の1年後の期待キャッシュフローは，

400円×5株＋1,400円×95株＝13万5,000円

となるでしょう。このとき，投資家の期待リターンは，

$$\frac{13万5,000 - 12万5,000}{12万5,000} = 0.08 \ (8\%)$$

となります。

　このことから，100社の株式に分散投資した場合の期待リターン8％は，保険購入直後の村瀬工業に投資した場合に得られる期待リターン4％よりも高いことがわかりました。そのため，合理的な投資家は4％の期待リターンしか得られない1,298円の村瀬工業株を購入しません。つまり，保険購入によって同社の株価が1,250円から1,298円に値上がりしてしまっては，この株式を購入したいと思う人がいなくなります。

　では，保険購入後に村瀬工業株がいくらであれば，購入したいという投資家が現れるのでしょうか。それは同社株が1,250円のままで変わらないときです。保険購入直後の同社株が1,250円であれば，その期待リターンは8％となり，100社の株式を1株ずつ購入した場合と比べても遜色のない投資案件となります。したがって，投資家が合理的に行動するならば，保険を購入したとしても，資本コストは変化せず，企業価値も1,250万円のままで変わらないのです。

　保険購入が資本コストに影響を及ぼさないことを別の観点から理解するため，資本コストの決定要因を再び考えてみましょう。株主資本コスト（期待リターン）は，第6章で説明した$CAPM$で測定することができます。

$$\mathrm{E}(r_j) = r_f + \beta_j (\mathrm{E}(r_M) - r_f) \tag{3}$$

$$\text{ただし，} \beta_j = \frac{\mathrm{Cov}(r_j, r_M)}{\sigma_M^2}$$

　$CAPM$によれば，株式の期待リターンは，無リスク利子率r_fとベータに（証券の）リスクプレミアムを乗じたもの$\beta_j(\mathrm{E}(r_M) - r_f)$の合計値とみなされます。無リスク利子率$r_f$とマーケット・ポートフォリオの期待リターン$\mathrm{E}(r_M)$はすべての企業にとって共通の値であることから，リスクマネジメントによって資本コストが変化するかどうかは，ベータβ_jが変化するかどうかにかかっています。

保険購入によって，火災発生の有無にかかわらず企業の期待正味キャッシュフローが1,350万円になったので，火災リスクは確かに除去されたことになります。ここで問題となるのは，保険購入によって企業の「どの部分のリスク」が除去されたのかという点です。第6章で学んだように，企業全体のリスク（総リスク）は2つの要素に分解することができます（**図表6-13**）。

　$CAPM$のベータは，システマティック・リスクのみを反映していることを思い出してください。ベータは，個別資産のリターンとマーケット・ポートフォリオとのリターンの共分散を，マーケット・ポートフォリオのリターンの分散で割った値として求められます。保険で軽減できるようなリスク（この場合は火災リスク）は，通常マーケットの動きと相関がありません（たとえば，株式市場が下落したとしても，ある工場の火災が発生しやすくなるなんてことはないでしょう）。したがって，保険購入によって除去することができるのは，分散投資によって消去可能なリスク，すなわちアンシステマティック・リスクに限定されます。このことから，保険購入の影響は資本コストに反映されないのです。

4　デリバティブと企業価値

　Ex. 9-2 では，リスクマネジメント手法として保険購入を選択した場合を例にとって，それが資本コストに影響を及ぼさず，その結果，保険購入と企業価値とは無関連であることを考察しました。一方で，リスクマネジメントには保険以外にもさまざまな手法が存在します。もし，資本コストを低下させるようなリスクマネジメント手法があるならば，企業価値にどのような影響を及ぼすのでしょうか。以下では，第5章で学んだデリバティブを例にとって，この点を検討してみましょう。

Ex. 9-3　　　　　　　　　　　　　　　　　　　　　　　　　　例　題

　1年間のみ存続し，100%株式で資金調達を行っている三浦商事という会社が

図表9-3 ▶▶▶為替レートと三浦商事の期待正味キャッシュフロー

確率	為替レート	期待 NCF
0.25	1ドル 90円	900万円
0.30	1ドル110円	1,100万円
0.45	1ドル130円	1,300万円

あります。同社は商品を海外に輸出して販売することで収益を上げており,海外で得たドル建ての売上を期末に円に換金します。したがって,期末の期待正味キャッシュフローはその時点の為替レートに依存しています。為替レートと同社の期待正味キャッシュフローとの関係は**図表9-3**で示されています。

Q1 三浦商事の資本コストが14%のとき,同社の期首の企業価値はいくらですか。

Q2 三浦商事は,海外の売上を期末に1ドル110円で換金する取り決めを期首に交わしたとしましょう(第5章で学んだ先渡しです)。この契約にかかる取引手数料を0円とすると,同社の資本コストは上昇するでしょうか,低下するでしょうか。

Q3 先渡し締結後に,三浦商事の資本コストは10%まで低下しました。このとき,同社の企業価値は増大するでしょうか,減少するでしょうか。

R to A 解答と解説

Q1 三浦商事の期末の期待正味キャッシュフローは,1,140万円(=900×0.25+1,100×0.3+1,300×0.45)です。したがって,同社の企業価値は,

$$\frac{1,140}{1.14} = 1,000 (万円)$$

となります。

Q2 三浦商事が期末の為替レートを1ドル110円で固定した場合を考えてみましょう。為替変動は企業固有の事情で発生するリスクではないため,

分散投資によって消去することが不可能であり，システマティック・リスクとみなすことができます。このように考えれば，為替リスクをヘッジすることによって，ベータは低下します。$CAPM$にしたがえば，ベータが低下すれば期待リターンも低下しますので，同社の資本コストは低下します。

Q3 為替リスクをヘッジすることで，期末の為替レートが１ドル90円になったときに期待正味キャッシュフローが減少する可能性を排除できる一方，１ドル130円になったときに期待正味キャッシュフローが増大するチャンスも放棄したことになります。その結果，為替リスクヘッジ後の同社の期待正味キャッシュフローは1,100万円になり，**Q１**の場合に比べて40万円減少します。したがって，同社の企業価値は，

$$\frac{1,100}{1.1} = 1,000（万円）$$

となり，変わりません。

要するに，資本コストが低下するということは，将来の正味キャッシュフローの期待額が少なくなるということです。そのため，リスクマネジメントで資本コストを引き下げたとしても，その資本コストの低下分に釣り合うように将来の期待正味キャッシュフローが減少するため，企業価値に変化は生じないのです。

5 リスクマネジメントのコストと企業価値

ここまでの議論で，$CAPM$が成立し，完全市場を想定すれば，リスクマネジメントと企業価値は無関連であることを示しました。ところで，Ex.9-2では，保険料を50万円としましたが，この50万円という保険料は現実的にありえるのでしょうか。

第３章で学んだように，保険会社は営業保険料を設定する際，支払保険金

の期待値である純保険料に加えて、保険会社の活動にかかる諸経費などを加味した付加保険料を上乗せします。

Ex.9-2 では、50万円の保険料に対して、5％の確率で火災が発生したときに1,000万円の保険金が支払われます。つまり、純保険料は50万円（＝1,000×0.05）であるため、この保険の付加保険料は0円であり、保険の購入に追加的なコストがかからないことを前提としていました。こうした前提を置いたときに初めて、リスクマネジメントと企業価値とが無関連であることがいえることになります。

そこで、次の例題では、完全市場の「証券の発行や売買に関して取引コストがかからない」という仮定を緩め、リスクマネジメントのために必要な追加的コスト（付加保険料）を考慮したうえで、企業は保険を購入すべきかどうかについて検討してみましょう。

Ex. 9-4　　　　　　　　　　　　　　　　　　　　　　　　　例題

Ex.9-1 の村瀬工業は、期末に80万円の保険料を支払うことで、工場火災が発生した際に1,000万円の保険金を受け取る保険の購入を検討しています。その他の条件はすべて、Ex.9-1 と同じであるとき、株主の立場になって、村瀬工業はこの保険を購入すべきかどうか考えてください。

R to A　　　　　　　　　　　　　　　　　　　　　　　　解答と解説

この保険の純保険料は50万円であることから、この例題では、保険会社が付

図表9-4 ▶▶▶保険購入後の村瀬工業の期待正味キャッシュフロー（30万円の付加保険料を加味したケース）

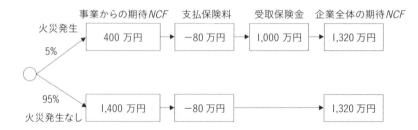

加保険料を30万円と見積もって保険を販売している状況を想定しています。保険購入後の村瀬工業の１年後の期待正味キャッシュフローは**図表９－４**のとおりです。

図表９－４より，保険購入後の同社の期待正味キャッシュフローは1,320万円となります。 Ex.9-2 で検討したとおり，保険購入の有無にかかわらず資本コストは８％のままで変化しないので，保険購入後の同社の企業価値は，

$$\frac{1,320}{1.08} = (約)1,222(万円)$$

となります。また， Ex.9-1 のQ１から，保険を購入しなかった場合の企業価値は1,250万円ですので，この保険に加入することで企業価値は28万円減少します。この減少分は，付加保険料30万円を資本コスト８％で割り引いた値に等しくなります（$=\frac{30}{1.08}$）。

村瀬工業は100％株式で資金調達を行っていますので，企業価値＝株主価値です。したがって，株主の立場から，このような保険購入は行うべきではありません。

このように，リスクマネジメントのために必要な追加的コストがかかる場合，リスクマネジメントは企業価値を減少させる要因となります。

6　リスクマネジメントと企業価値の関係
この章のまとめと発展課題

この章では，ファイナンス理論を前提として，リスクマネジメントが企業価値に及ぼす影響について検討しました。

Ex.9-1 では，DCF法を用いて企業価値を求めました。その中で，企業価値を求める際の割引率として用いられる資本コストは，資本を提供する投資家が最低限要求する期待リターンであることを確認しました。

Ex.9-2 では，リスクマネジメント手法として保険購入を選択した場合，企業価値がどう変化するのかについて検討しました。もし保険購入に追加的なコスト（付加保険料）がかからなければ，期末の期待正味キャッシュフロー

図表 9-5 ▶▶▶ リスクマネジメントと企業価値の無関連性

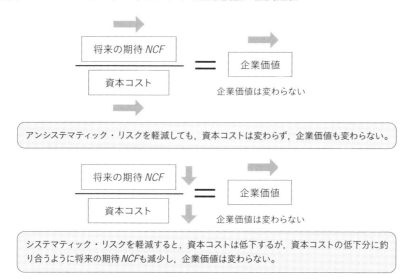

は保険を購入しなかったときと同じ値となります。さらに、第6章で学んだ CAPM にしたがって株主の期待リターンを求めた場合、ベータがシステマティック・リスクにしか依存しないため、保険を購入したとしても資本コストは低下しません。この結果、保険購入の有無にかかわらず、村瀬工業の企業価値は同じであり、保険購入と企業価値は無関連であることを示しました。

Ex.9-3 では、保険以外のリスクマネジメント手法であるデリバティブを取り上げ、資本コストが変化した場合に企業価値にどのような影響があるのかを検討しました。為替リスクはシステマティック・リスクであるため、デリバティブによって為替リスクをヘッジすると資本コストは低下します。一方で、為替リスクをヘッジしたことで、期待正味キャッシュフローも減少するため、結果的に企業価値は変化しません。このように、ファイナンス理論の見地からすれば、リスクマネジメントは、それが資本コストを低下させるか否かにかかわらず、企業価値と無関連であると結論付けました（**図表 9-5**）。

ただし、リスクマネジメントのために必要な追加的コストがかかる場合、企業価値を引き下げる要因となります。Ex.9-4 では、付加保険料を考慮し

た場合，企業価値が減少することを示しました。したがって，株主の立場になって考えると，企業は追加的コストがかかるリスクマネジメント手法を選択すべきではないという結論が得られます。

それでは，企業は常に，リスクマネジメント手法を選択すべきではないといえるのでしょうか。

ここまでの議論では，$CAPM$が成立するような状況を想定して話を進めてきました。もし対象が株式を上場していない非公開企業であり，自社の株式を自由に売買することができなかったらどうなるでしょう。この場合，株主は効率的に分散投資を行うことができないため，アンシステマティック・リスクが消去されないままになっているかもしれません。そういうときには，保険を購入することによって初めてアンシステマティック・リスクを取り除くことができるかもしれず，資本コストの低下に伴って企業価値が増大することも考えられます。したがって，非公開企業の保険購入は株主にとって有効な手段となりえます。

一方で，株式市場に上場している公開企業の場合はどうでしょうか。こちらは株主が分散投資でアンシステマティック・リスクを消去しているはずですので，資本コストの低下は見込めません。しかし，現実には，公開企業も

図表9-6 ▶▶▶**リスクマネジメントと企業の期待正味キャッシュフローおよび企業価値の関係性**

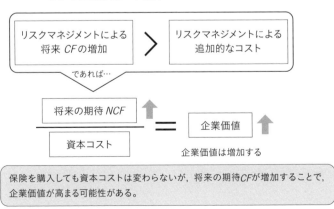

多くの保険を購入していますし、追加的コストがかかる他のリスクマネジメント手法も実行しています。

　*DCF*法によれば、企業価値を高めるためには、①将来の期待キャッシュフローを増大させる（あるいはキャッシュフローを受け取るタイミングを早める）、もしくは②資本コストを低下させる、ことが必要です。実は多くの企業は、さまざまなリスクマネジメントを、リスク（資本コスト）そのものではなく、将来の期待正味キャッシュフローの増大を目的として行っている側面があります。確かに、リスクマネジメントのためには追加的コストを支払う必要がありますが、もしそのようなリスクマネジメントによってそれ以上のキャッシュフローの増大が見込めるのであれば、企業にとってメリットがあるといえるでしょう（図表9-6）。

　それでは、リスクマネジメントによって将来のキャッシュフローが増加する要因として、どういったものがあるのでしょうか。この問題を、次章以降で詳しく検討していくことにしましょう。

Discussion　　　　　　　　　　　　　　　　　　　　　議論しよう

以下の文章に対して、ファイナンス理論の観点から反論してください（中林自動車の株式は十分に分散されており、完全市場が成立しているものとします）。

「公開企業である中林自動車は、株主の利益を常に配慮した経営を心掛けています。同社は巨額の保険購入によって、自社のリスクの大部分を移転し、株主が最終的に受け取るキャッシュフローの不確実性を大幅に低減しています。したがって、リスク回避的な株主にとって、こうした巨額の保険購入は望ましいことだといえます。」

第10章 倒産コストとリスクマネジメント

Learning Points

- 企業が倒産する際にかかる倒産コストについて学びます。
- 債権者と株主の利害対立（エージェンシー問題）について理解します。
- リスクマネジメントにより，期待倒産コストを低下させることで，企業価値が増大する可能性があることを学習します。

Key Words

債権者と株主のエージェンシー問題　倒産コスト　保険購入戦略　レバレッジ戦略

1　リスクマネジメントと期待キャッシュフロー
この章で学ぶこと

　第9章では，第Ⅱ部で学んだファイナンス理論を前提とすれば，リスクマネジメントと企業価値は無関連であることを示しました。さらに，リスクマネジメントのために必要な追加的コスト（たとえば，付加保険料）まで考えた場合は，むしろ企業価値が減少する可能性について学びました。しかし，実際には多くの企業は保険を購入しています。この現象をどう解釈すればよいのでしょうか。

　もっとも，第9章では完全市場を想定し，現実の世界で発生するさまざまな問題については，あまり深く考えてきませんでした。たとえば，債権者と株主の利害対立が及ぼす諸問題，税金，株主と経営者の利害対立の問題などは考慮に入れてきませんでした。こうした問題の存在は，企業の将来の期待正味キャッシュフローを減少させる可能性があります。

　そこで，この章以降では，完全市場の仮定を緩めた結果として生じる諸問題を検討し，リスクマネジメントがこれらの問題を解消する手段として有効

図表 10−1 ▶▶▶各章で取り扱う諸問題

第10章	倒産コスト
第11章	資産代替問題
第12章	過少投資問題
第13章	税便益
第14章	経営者のリスク回避性
第15章	全社的リスクマネジメント (ERM)

であることを学んでいきます。その結果，リスクマネジメントによって，期待キャッシュフローの減少が緩和し，企業価値が増大する可能性があることを示します。各章で取り扱うトピックは，**図表10−1**のとおりです。

この章では，まず情報の非対称性から生じる債権者と株主のエージェンシー問題について説明し，倒産コストの存在によって債権者と株主の利害対立が表面化する結果，企業価値が損なわれる可能性があることを示します。そして，リスクマネジメントがこうした問題の解決手段として有効であることを学びます。

2　債権者と株主のエージェンシー問題

企業に資金を提供する主体として，債権者と株主がいます。彼らはいずれも企業に資金を提供する見返りとして，債権者であれば利息，株主であれば配当および株の値上がり益といった具合に相応のリターンを要求します。

一方で，両者が有する権利には明確な差異が存在します。株主は株主総会を通じて企業の意思決定に直接かかわることができるのに対して，債権者は基本的にそうした権利は有していません。債権者は，株主，そして株主によって選任される経営者に投じた資金の使途を一任し，利息をきちんと支払ってくれることを期待しています。こうした関係を，**プリンシパル＝エージェント関係（エージェンシー関係）**といいます。この場合，債権者が委託者（プリンシパル）であり，株主は代理人（エージェント）として債権者から委託

された資金を有効に活用して，利息が支払えるだけの資金を稼ぐことが求められます。

債権者と株主のエージェンシー関係は，企業がうまくいっているときはそれほど問題にはなりませんが，ひとたび企業が財務上の困難に陥ると債権者と株主との間で利害対立が起こる可能性があります。その原因は資産回収の優先順位にあります。

債権者は資金の使途を一任する代わりに，企業が稼いだ資金を株主に優先して回収できる権利を有しています。企業が倒産した際，企業の残存資産を清算する手続きが取られますが，倒産手続きにかかるさまざまなコストを支払った後で，債権者に優先的に残存資産を回収する権利が与えられます。株主は債権者の回収が済んだ後に残った資産を回収することになります。

もし債権者が残存資産のすべてを先に回収してしまった場合，株主の手元には最終的に何も残りません。このように株主は残存資産の回収について債権者よりも不利な立場にありますが，その一方で株主総会を通じて企業の経営に直接関与できる権利を有しています。そこで，株主は自分たちに有利な意思決定を行うことで，債権者にとって不利な状況を作り出す可能性があります。もし合理的な債権者がこのような状況に置かれたならば，彼らは自身の立場を理解し，より高い利息を要求するなどといった対抗手段を講じるでしょう。このように，プリンシパルとエージェントの利害の不一致から対立を招いてしまう問題を，**エージェンシー問題**といいます。

3 企業の倒産コスト

企業が倒産すると，さまざまなコストが発生します。たとえば，①裁判所に納める裁判手続きの費用，②破産管財人や弁護士，会計士に対する報酬，③倒産手続き過程で生じる会社の財産管理に要する費用，などがあげられます。こうした倒産コストは，債権者への弁済手続き前に倒産企業の残存資産から優先的に支出されます。つまり，倒産コストがかさめば，その分だけ債

権者の回収するキャッシュフローが減少することになります。

また、倒産処理手続きにおいて生じる直接的な倒産コストに加え、倒産の可能性が高まることによって、追加的に生じる間接的な倒産コストもあります。たとえば、倒産が予想され始めると、その企業の製品に対する需要が急減し、売上が大きく減少することがあります。さらに、格付けの低下などによって、資金の借入に要していた金利が大きく上昇し、支払利息が増加することもあります。こうした直接的、間接的な倒産コストの存在は、企業の将来のキャッシュフローを減少させる可能性につながります。

4 債権者が株主の行動を予測しないケース

まずは、倒産コストの存在がどのような問題を引き起こすかを理解するため、債権者が株主の行動を予測しないケースから検討していきます。

Ex. 10-1　　　例題

1年間のみ存続する手嶋興業という企業があります。同社は、火災が発生しなければ1年後に50億円の正味キャッシュフローが得られますが、火災が発生すれば8億円に減少します。火災が発生する確率は10%とします。同社は期首に40億円の資金を調達する必要があり、10億円を負債発行で、残りの30億円を株式発行でそれぞれ調達します（発行にかかるコストは0円とします）。負債の利息は5%とします。もし1年後に元利合わせて10.5億円（=10×1.05）の負債が返済できなければ、同社は倒産し、倒産コストとして6億円が発生します。このとき、以下の問いに答えてください。

— Q1　手嶋興業の債権者と株主の期待リターンを求めてください。

— Q2　期末に5,000万円（0.5億円）の保険料を支払うことで、火災発生時に3億円の保険金を受け取ることができる火災保険があるとしましょう。この

とき,手嶋興業の株主は,この保険の購入を容認するでしょうか。

R to A   解答と解説

Q1 火災発生時,手嶋興業は負債を全額返済できなくなるので,6億円の倒産コストがかかります。したがって,1年後に債権者と株主が受け取る正味キャッシュフローは**図表10-2**のとおりとなります。

債権者と株主の期待正味キャッシュフローは,

債権者の期待NCF:$2 \times 0.1 + 10.5 \times 0.9 = 9.65$(億円)

株主の期待NCF　:$0 \times 0.1 + 39.5 \times 0.9 = 35.55$(億円)

となりますので,両者の期待リターンは,以下のとおりとなります。

債権者の期待リターン:$\dfrac{9.65 - 10}{10} = -0.035$($-3.5\%$)

株主の期待リターン　:$\dfrac{35.55 - 30}{30} = 0.185$($18.5\%$)

ところで,債権者と株主の期待正味キャッシュフローの合計額は45.2億円($= 9.65 + 35.55$)となります。1年後の手嶋興業の期待正味キャッシュフローは45.8億円($= 8 \times 0.1 + 50 \times 0.9$)ですので,期待倒産コスト0.6億円($= 6 \times 0.1$)分,両者の合計額が減少することを意味しています。

保険未購入時の債権者と株主の期待NCF:$45.8 - 0.6 = 45.2$億円

図表10-2 ▶▶▶保険を購入しないケース

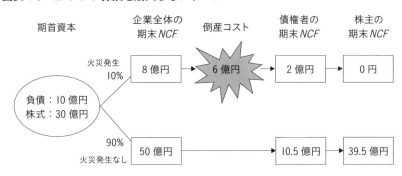

図表10-3 ▶▶▶ 保険を購入するケース

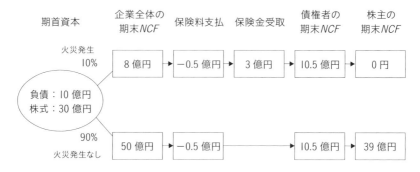

Q2 次に,火災保険を購入した場合を考えてみましょう。火災が発生したとき,手嶋興業の正味キャッシュフローは8億円となり,さらにそこから0.5億円の保険料が差し引かれますが,3億円の保険金を受け取ることができるので,同社の正味キャッシュフローは10.5億円となります。この10.5億円をそのまま債権者にあてれば,手嶋興業は倒産を免れますが,最終的に株主の正味キャッシュフローは0円となります。

一方,火災が発生しなかったとき,同社の正味キャッシュフローは50億円となり,さらにそこから0.5億円の保険料が差し引かれます。このときの同社の正味キャッシュフローは49.5億円となり,債権者の正味キャッシュフローは10.5億円,株主の正味キャッシュフローは39億円(=49.5−10.5)となります。まとめると,**図表10-3**のとおりとなります。

債権者と株主の期待正味キャッシュフローは,

債権者の期待NCF:$10.5 \times 0.1 + 10.5 \times 0.9 = 10.5$(億円)

株主の期待NCF :$0 \times 0.1 + 39 \times 0.9 = 35.1$(億円)

となりますので,両者の期待リターンは,以下のとおりとなります。

債権者の期待リターン:$\dfrac{10.5 - 10}{10} = 0.05(5\%)$

株主の期待リターン :$\dfrac{35.1 - 30}{30} = 0.17(17\%)$

ところで，この保険の純保険料は保険金3億円に火災発生確率10%を掛け合わせた0.3億円（＝3×0.1）ですので，付加保険料は，営業保険料0.5億円との差額の0.2億円（＝0.5－0.2）であることがわかります。

保険を購入したときの債権者と株主の期待正味キャッシュフローの合計額は45.6億円（＝10.5＋35.1）ですので，1年後の手嶋興業の期待正味キャッシュフロー45.8億円よりも，この付加保険料（0.2億円）分両者のキャッシュフローが減少することになります。

保険購入時の債権者と株主の期待NCF：45.8－0.2＝45.6億円

これを，Q1の結果と比較すると，保険購入の前後で，債権者と株主の期待正味キャッシュフローの合計は45.2億円から45.6億円と0.4億円増大しています。これは，期待倒産コストの0.6億円よりも付加保険料の0.2億円のほうが少ないことから，保険購入によって差額の0.4億円分，債権者と株主が受け取るキャッシュフローが増大したことによるものです。これまでの議論からもわかるとおり，期待正味キャッシュフローの増大は，そのまま企業価値の増大を意味します。それでは，株主はこの保険購入を容認するのでしょうか。

株主のみの利益に注目すると，保険購入前後で，株主の期待リターンが18.5%から17%に低下しています。これは倒産したときに，誰が倒産コストを負担しているのかという問題に起因しています。図表10-2を見ますと，倒産した段階で株主の正味キャッシュフローは0円となっていますので，倒産コストは債権者のみが負担しています。つまり，株主は倒産コスト6億円を債権者に押し付けることができるのです。

もし保険に加入しても，事故が起こった際の保険金3億円は結果的にすべて債権者が受け取ることになります。一方で，事故が起こらなかった場合でも，当然ながら0.5億円の保険料は発生します。このことから，株主は保険料を支払ってまで倒産を回避したいとは思わないでしょう。すなわち，株主は保険購入を容認しないということになります。

以上のように，企業価値最大化の観点からすれば，保険購入のほうが合理的な選択のはずですが，株主は自身の利益優先のために，保険購入を容認し

ないという事態が起こりました。その結果，債権者と株主の期待正味キャッシュフローの合計は，45.6億円から45.2億円に0.4億円減少しました。このようにエージェンシー問題を原因として引き起こされた価値の棄損部分を，**エージェンシー・コスト**といいます。

5 債権者が株主の行動を予測するケース

Ex.10-1 では，債権者が株主の意思決定を予測せずに資金提供に応じるものとしました。しかし，合理的な債権者であれば，株主が保険購入を容認しないことを理解するでしょう。その結果，債権者の期待リターンは－3.5％となり，このような資金提供を行うはずがありません。では，株主の行動を債権者が予測する場合，どのような事態が生じるのでしょうか。

Ex. 10-2　　　　　　　　　　　　　　　　　　　　　例題

Ex.10-1 と同じく，1年間のみ存続する手嶋興業について考えてみましょう。ただし，今度は負債を引き受ければ，手嶋興業の株主が保険を購入しないことを債権者は予測しているとします。このとき，以下の問いに答えてください。

- Q1 債権者は手嶋興業に10億円の貸付を行う際に，1年後の期待正味キャッシュフローが10.5億円になる水準で利息を要求します。このとき，この貸付の契約上の利息を求めてください。

- Q2 手嶋興業は保険を購入すれば倒産を免れることから，同社が保険購入を確約すれば，債権者は Ex.10-1 での当初の約定通り5％の利息で貸付に応じるものとします。このとき，株主は保険購入を容認するでしょうか。

R to A　　　　　　　　　　　　　　　　　　　　　解答と解説

- Q1 本問のポイントは，債権者が手嶋興業から1年後にいくらの返済を見込

めるかという点にあります。工場火災が発生しなかった場合には，同社には50億円の正味キャッシュフローが見込まれるため，10.5億円の返済は十分に可能です。

しかしながら，工場火災が発生した場合には状況が変化します。Ex.10-1 で確認したとおり，ひとたび貸付が実行された後には，株主は自らの利益最大化の観点から保険を購入しないはずです。そして，保険を購入しなかった場合には，倒産コスト6億円を差し引いた2億円しか回収することができないことを，今度は債権者も予測しています。

さて，このような状況のもと，手嶋興業に対して，合理的な債権者はいくらの利息を要求するでしょうか。直感的に考えてみても，Ex. 10-1 で設定されていた5％よりは高い利息になることは予想がつきます。そこで，まず，債権者が，10億円の貸付に対して，1年後の契約上の返済額をいくらに設定するかを考えてみましょう。

本問の設定より債権者は手嶋興業に10億円の貸付を行う際に，1年後の期待正味キャッシュフローが10.5億円になることを要求します。なお，この10.5億円とは，工場火災の有無にかかわらず事前に決められた契約上の返済額（元本＋利息）が常に期待できると考える場合（すなわち信用リスクがない場合）に，債権者が手嶋興業に対して設定する利息水準5％をもとに計算された返済額を意味しています。ここで，契約上の返済額をx億円とすると，

$$x \times 0.9 + 2 \times 0.1 = 10.5 （億円）$$

となるはずです。したがって，xは約11.44億円と求められます。

ここから，この貸付の契約上の利息を求めると，

$$\frac{11.44 - 10}{10} = 0.144 （14.4\%）$$

となりますので，債権者は14.4％の利息で手嶋興業に貸し付けることになります。

要するに，株主の保険を購入しないという行動を債権者が事前に予測することによって，倒産の可能性（信用リスク）が織り込まれ，金利が5％から14.4％に上昇するのです。この上昇幅9.4％は，手嶋興業の信用

図表10-4 ▶▶▶保険を購入せずに債権者が14.4%の利息を要求するケース

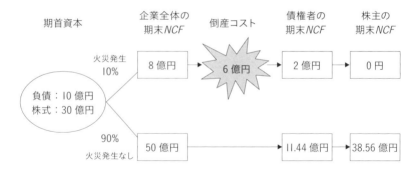

リスクを反映した追加的なプレミアムとみなすことができます。

Q2 株主が保険購入を容認しない場合、債権者はQ1で求めたように14.4%の利息で貸付を行いますので、1年後の元利合計額は11.44億円となります。その結果、債権者と株主の正味キャッシュフローは図表10-4のとおりとなります。

債権者と株主の期待正味キャッシュフローは、

債権者の期待NCF：$2 \times 0.1 + 11.44 \times 0.9 = 10.5$（億円）

株主の期待NCF　：$0 \times 0.1 + 38.56 \times 0.9 =$（約）$34.7$（億円）

となりますので、両者の期待リターンは、以下のとおりとなります。

債権者の期待リターン：$\dfrac{10.5 - 10}{10} = 0.05$（5%）

株主の期待リターン　：$\dfrac{34.7 - 30}{30} =$（約）0.157（15.7%）

Ex.10-1 のQ1と比べて、株主の期待リターンが18.5%から15.7%に低下していることがわかります。これは、債権者が株主の行動を予測し、倒産の可能性を上乗せした14.4%の利息を要求したことで、株主が受け取る正味キャッシュフローが少なくなったためです。

では、株主が保険購入を容認すればどうなるでしょうか。この場合、債権者は5%の利息で貸付に応じますので、 Ex.10-1 のQ2で求めた

ように，株主の期待リターンは17%となります。したがって，保険を購入しなかったときの期待リターン15.7%を上回るため，株主は保険購入を容認します。

このように，債権者が株主の行動を予測する場合，結果的に株主にも不利益が生じてしまいます。この問題のそもそもの原因は，株主が倒産コストを債権者に押し付けることができる点にありました。したがって，倒産コストを小さくすること，すなわち倒産の可能性を小さくすることが問題の解消につながることになります。

リスクマネジメントの意義の1つは，ここにあります。適切なリスクマネジメントを実施することで，企業は財務上の困難に陥る可能性が小さくなります。その結果，エージェンシー・コストが縮小し，問題が緩和されることになるのです。

6 レバレッジ戦略によるエージェンシー問題への対応

Ex. 10-2 では債権者と株主のエージェンシー問題を緩和するために保険購入が有効な手段であることを確認しましたが，それ以外の方法はないのでしょうか。

倒産の可能性を小さくする別の手段として，負債発行額を少なくするという方法があります。これまでの例題ですと，火災が発生したとき，8億円の正味キャッシュフローでは負債を全額返済することができず，手嶋興業が倒産してしまうことが，エージェンシー問題の原因でした。そう考えると，負債10億円，株式30億円という資金調達の割合，つまり資本構成を変えることによって問題を解決することができるはずです。

第7章で説明しましたが，負債を利用することで株主の期待リターンを上昇させることをレバレッジ効果といいます。ここでは，資本構成を変化させて企業価値を高める手段を**レバレッジ戦略**と呼ぶことにします。次の例題を

通じて，リスクマネジメントの観点からレバレッジ戦略の意味を考えてみましょう。

Ex. 10-3　例題

Ex. 10-1 の手嶋興業は40億円の資金を調達する際，火災が発生して正味キャッシュフローが8億円になったとしても倒産しないような負債と株式の資本構成を検討しています。

Q1 1年後の元利合計が8億円になるように負債調達額を求め，そのときの負債比率（＝負債資本/株主資本）を求めてください。

Q2 その他の条件が同じであれば，手嶋興業の株主は**Q1**のようなレバレッジ戦略と Ex.10-2 の**Q2**のような保険購入戦略のどちらを選択するのが望ましいでしょうか。

R to A　解答と解説

Q1 1年後の元利合計が8億円ということは，仮に火災が発生したとしても手嶋興業は負債を全額返済することができるため，債権者は5％の利息で貸付に応じるはずです。したがって，このときの負債調達額は，8億円を5％の利息で割り引いた

$$\frac{8}{1+0.05} = (約)7.62(億円)$$

となります。

手嶋興業が事業を営むためには40億円の資金が必要ですので，残りの32.38億円（＝40−7.62）は株式で調達することになります。したがって，このときの負債比率は，

$$\frac{7.62}{32.38} = (約)0.235(23.5\%)$$

となります。

図表10-5 ▶▶▶ 資本構成を変更したケース

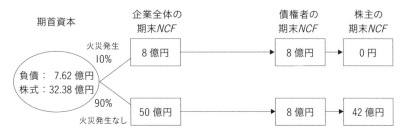

Q2 Q1のとおりに資金調達を行ったとき，1年後の債権者と株主の正味キャッシュフローは**図表10-5**のとおりとなります。

債権者と株主の期待正味キャッシュフローは，

債権者の期待NCF：8(億円)
株主の期待NCF　：0×0.1+42×0.9=37.8(億円)

となりますので，両者の期待リターンは，以下のとおりとなります。

債権者の期待リターン：$\dfrac{8-7.62}{7.62}=0.05(5\%)$

株主の期待リターン　：$\dfrac{37.8-32.38}{32.38}=(約)0.167(16.7\%)$

レバレッジ戦略のときの株主の期待リターンは16.7%となっています。この数値は，Ex.10-2 の保険購入を行わないときの株主の期待リターン15.7%を上回るものの，保険を購入したときの期待リターン17%を下回っています。

これは第7章で説明したレバレッジ効果の影響によるものです。保険購入戦略における負債比率は，

$\dfrac{10}{30}=(約)0.333(33.3\%)$

であり，**Q1**における負債比率23.5%を上回っています。つまり，保険購入のほうが，レバレッジ効果の影響をより強く受けることになります。したがって，その他の条件が同じであれば，手嶋興業の株主にとっては，保険購入戦略が望ましい選択といえます。

図表10-6 ▶▶▶ 各リスクマネジメントの比較

		Ex.10-1 リスク保有戦略	Ex.10-2 リスク保有戦略	Ex.10-1 Ex.10-2 保険購入戦略	Ex.10-3 レバレッジ戦略
期首	負債資本	10億円	10億円	10億円	7.62億円
	株主資本	30億円	30億円	30億円	32.38億円
	計	40億円	40億円	40億円	40億円
期待倒産コスト		0.6億円	0.6億円	0円	0円
信用リスク		あり (ただし、債権者が信用リスクを認識せず、対価を要求しない)	あり (債権者が14.4%の利息を要求)	なし	なし
RMのために必要な追加的コスト		0円	0円	0.2億円	0円
期末	債権者の期待NCF (期待リターン)	9.65億円 (-3.5%)	10.5億円 (5%)	10.5億円 (5%)	8億円 (5%)
	株主の期待NCF (期待リターン)	35.55億円 (18.5%)	34.7億円 (15.7%)	35.1億円 (17%)	37.8億円 (16.7%)
	計	45.2億円	45.2億円	45.6億円	45.8億円

　以上の考察から，レバレッジ戦略も広い意味でのリスクマネジメントの意思決定と捉えることができます。**図表10-6**は，これまでの例題による各戦略からどういった結果が得られたかをまとめたものです。

　株主にとって最も高い期待リターンが得られるのは，何もせずに債権者が5％の利息で貸付に応じた場合の18.5％ですが，これは債権者が株主の行動を予測しているときには起こりえません。

　したがって，債権者が株主の行動を予測しているような状況下では，保険購入戦略やレバレッジ戦略といった手段を講じることで，債権者と株主の期待正味キャッシュフローの合計額を増加することができます。その結果，企業価値を高めることができるのです。

　ただし，何もしないこと（リスク保有戦略）を含めてどのリスクマネジメント手法が最も有効かは，債権者が要求する利息や資本調達にかかる発行コスト，そして付加保険料といったさまざまな要因の大小関係によって変わってきます。この点は Training で確認してください。

7 倒産コストとリスクマネジメントの意思決定
この章のまとめと発展課題

　この章では，倒産にかかるコストに焦点を当て，リスクマネジメントの意義について考察しました。企業が倒産するとき，その清算手続きにおいて多額のコストが発生します。これら倒産コストの存在は，企業価値を減少させる方向に働きます。ただし，倒産コストを実質的に負担するのは債権者です。このため，倒産の可能性が出てくる段階で，債権者と株主の利害対立，すなわちエージェンシー問題が発生します。

　まず，Ex.10-1 では，債権者が株主の行動を予測しない状況において，株主は債権者に倒産コストを押し付けることができることを確認しました。この場合，株主はリスクマネジメントのために必要な追加的コストを支払う動機をもたないため，保険購入を容認しません。その結果，エージェンシー・コストが拡大し，企業価値を減少させることになります。

　次に，Ex.10-2 では，債権者がこうした株主の行動を予測する場合，結果的に株主の期待正味キャッシュフローも小さくなることを示しました。このケースでは，エージェンシー問題を緩和するために，保険購入を行うことが株主の利益にかなった意思決定となります。その結果，エージェンシー・コストが縮小し，企業価値は増大します。

　最後に，Ex.10-3 では，資本構成を変更するレバレッジ戦略が，保険購入の代替戦略となりえることについて理解しました。すなわち，リスクマネジメントと資本構成の意思決定は，コインの裏表の関係にあるといえます。保険購入戦略もレバレッジ戦略も企業が倒産する可能性を小さくし，エージェンシー・コストを縮小させ，企業価値を増大させることができるのです。

　保険購入戦略とレバレッジ戦略，そしてリスク保有戦略，のいずれがより優れたリスクマネジメントの意思決定であるかを決めつけることはできません。保険購入には付加保険料という追加的なコストが発生する分，債権者と株主が受け取る正味キャッシュフローの合計額は減少します。これは保険に限った話ではなく，デリバティブやロスコントロールといった他のリスクマ

ネジメント手法においてもそれ相応のコストが発生します。

一方で、レバレッジ戦略によって負債比率を引き下げると、レバレッジ効果や節税効果といった負債調達のメリットを小さくしてしまいます。また、この章では、発行にかかるコストを0円としてきましたが、情報の非対称性が存在する場合、第7章で説明したペッキングオーダー理論の解釈によれば、株式発行のほうが割高になることも考えられます。この場合、 Ex.10-3 のレバレッジ戦略のほうがより多くの株式を発行することから、保険購入戦略よりも追加的コストがかかるかもしれません。

最後に強調したいことですが、もしリスクマネジメントのために必要な追加的コストが倒産コストを上回るならば、何もしないでリスクを保有する戦略をとることも一つの手です。この場合、債権者は信用リスクを上乗せしたより高い利息を要求するでしょうが、それでも状況によっては保険購入戦略やレバレッジ戦略よりも企業価値が高くなることがあるかもしれません。結局のところ、さまざまなリスクマネジメント手法の費用対効果を比較・検討したうえで最適な意思決定を行うことが大事なのです。

Training　　　　　　　　　　　　　　　　　　　　　解いてみよう

Ex.10-3 において、もし Ex.10-1 のような保険が存在せず、代わりに1億円の保険料の支払いによって、3.5億円の保険金が得られるような保険が存在するならば、株主はどのリスクマネジメント（リスク保有戦略、保険購入戦略、レバレッジ戦略）を選択するのが望ましいでしょうか。

Discussion　　　　　　　　　　　　　　　　　　　　議論しよう

なぜ Ex.10-2 のQ1で債権者はリスクがあるにもかかわらず、期待正味キャッシュフロー10.5億円（つまり、契約上の返済額11.44億円）を超える金額を要求しないのでしょうか。
（ヒント：アンシステマティック・リスク）

第11章 資産代替問題とリスクマネジメント

Learning Points
▶ 資産代替問題が生じるメカニズムについて理解します。
▶ 資産代替問題の軽減に向けて,どのような戦略が有効であるかを考察します。

Key Words
エージェンシー問題　資産代替問題　株主の有限責任性

1 株主の有限責任性と資産代替問題
この章で学ぶこと

すでに学習したように,企業には,株主,債権者,従業員,取引業者などさまざまな**利害関係者(ステークホルダー)**が存在しています。各人が自己の利益最大化を行うという行動原理のもとでは,その利害はしばしば対立してしまいます。

この章では,企業にとって主たる資金提供者である債権者と株主の利害対立に起因するエージェンシー問題のうち,資産代替問題と呼ばれる問題を取り扱います。なお,この章では,株主=経営者と仮定して話を進めていきます。よって,いわゆる所有と経営の分離を原因とするエージェンシー問題は起こりえないことになります。つまり経営者はあらゆる局面で,株主価値をより増大する意思決定を行おうとします。

資産代替問題を理解するために,まず**株主の有限責任性**を確認しておきましょう。株主が受け取るキャッシュフローは,企業全体のキャッシュフローから債権者へ負債を返済した後の残余分になります。そして,たとえ負債全額が返済できない場合でも,株主が追加で出資する必要はありません。この

ような株主の有限責任性のもとでは，企業全体のキャッシュフローが負債返済額を大きく上回るときには株主は相応の利益を享受することになる一方，返済額に満たないときには常にゼロの受け取りとなります。

　この株主価値の非対称性から，株主は過度にリスクの大きな投資を選択する可能性があります。というのも，株主は大きな損失が生じた場合はそれを債権者に押し付けることができるからです。そもそも，キャッシュフローが十分にあれば負債は約束通り返済されますが，返済額に満たない場合は約束より少ない金額しか返済されません。つまり，債権者にとって，リスクの大きな投資は約束した返済が実行されない可能性を高めてしまいます。結局，株主のリスクが債権者に押し付けられる形になっていることがわかるでしょう。

　株主と経営者の利害対立を想定しない状況のもとでは，いうまでもなく，投資決定は株主価値最大化の観点から行われます。このように株主価値を高めるために，株主＝経営者は過度にリスクの大きな投資を行ってしまう可能性があります。これを資産代替問題と呼びます。

　この章では，典型的な資産代替問題を理解します。簡単な計算例を通じて，株主＝経営者は自らの利益最大化に照らして過度にリスクの大きなプロジェクトを選択してしまう可能性を確認します。ただし，合理的な債権者ならば株主の意思決定を事前に予測するので，わざわざ自らの価値を毀損するような資金提供を行うとは考えられません。この場合，企業は必要資金を集めることができずに，プロジェクトそのものが流れてしまいます。

　このような問題を軽減するために，リスクマネジメントが有効な場合があります。そこで，企業が投資実行に向けて採るべき戦略を考察します。具体的には，保険購入戦略およびレバレッジ戦略の2つの手法がプロジェクト実行へ有効に働くかどうかを検討します。

2 資産代替問題とは何か

資産代替問題（Asset Substitution Problem）とは，財務上の困難に直面しそうな企業が，債権者と株主との利害対立を原因として，過度にリスクの大きな投資を行い，非効率な資産を選択してしまう問題のことをいいます。その結果，プラスのNPVをもつプロジェクトを見送り，ときにはマイナスのNPVをもつプロジェクトを選択したり，企業価値をより小さくしてしまうプロジェクトを選択したりすることもあります。まず，以下の数値例を用いて，資産代替問題が発生するメカニズムを理解しましょう。

Ex. 11-1 例題

鈴木化学は現在，将来の正味キャッシュフローの現在価値が150億円と見積もられている事業を展開しています。また，すでに額面100億円の債券を発行し，資金調達を行った経緯があります。ここで同社は新素材を扱う新規事業として2つの代替的プロジェクトを検討しています。まず，プロジェクトAは，すでに新素材を開発した浅井繊維を200億円で買収するという案件です。この案件では，投資収入の現在価値が210億円と予想されています。

次に，プロジェクトBは，その新素材を自社生産するという案件であり，新工場建設等に200億円の初期投資を必要とします。ただし，工場火災の可能性にさらされているため，キャッシュフローが不確実な状況にあります。工場火災は10%の確率で発生すると予測されており，この場合のキャッシュフローは50億円になります。一方，火災が起こらなければ220億円のキャッシュフローが見込めます。以上2つのプロジェクトのキャッシュフローについては，**図表11-1**にまとめています。

なお，両プロジェクトの初期投資額200億円は債券発行により新たに調達しますが，返済に関しては既存の債券が優先されます。さらに，企業全体のキャッシュフローが負債の返済額に満たない場合は，債務整理などの倒産コストが40億円かかるものとします。割引率はゼロと仮定するとき，以下の問いに答えてください。

図表11-1 ▶▶▶各プロジェクトのキャッシュフロー

	初期投資(億円)	投資収入(億円)
プロジェクトA (浅井繊維の買収)	200	210
プロジェクトB (自社生産)	200	50:確率0.1 220:確率0.9

※ここで2種類の債券が出てきています。返済の順序として,まず既存の債券,次に初期投資のための債券となります。一般に前者を優先債,後者を劣後債と呼びます。

Q1 それぞれのプロジェクトの正味現在価値の期待値はいくらですか。

Q2 プロジェクトAが選択された場合の,企業価値(=優先債+劣後債+株式),優先債価値,劣後債価値,株主価値はそれぞれいくらですか。

Q3 プロジェクトBが選択された場合の,企業価値(=優先債+劣後債+株式),優先債価値,劣後債価値,株主価値はそれぞれいくらですか。

Q4 株主価値最大化の観点から,鈴木化学はいずれのプロジェクトを選択すべきでしょうか。

R to A   解答と解説

Q1 投資のNPVは,投資収入(の期待値)から初期投資額を差し引いて求められます。したがって,

　　　プロジェクトAのNPV = 210 - 200 = 10億円
　　　プロジェクトBのNPV = 50×0.1+220×0.9 - 200 = 3億円

と計算されます。いずれのプロジェクトもプラスのNPVをもっていますが,プロジェクトAのほうが7億円大きいことがわかります。つまり,この観点からは,NPVで勝るAを選択すべきと判断できます。

Q2 プロジェクトAが選択された場合は,不確実性がないことに加えて,倒

産の心配もありません。よって比較的容易に各価値が求められます。まず，企業価値は，既存事業からのキャッシュフロー150億円とプロジェクトAからの投資収入210億円を合わせて360億円となります。次に，優先債と劣後債の価値ですが，いずれも額面通り返済されますので，優先債の価値は100億円，劣後債の価値は200億円となります。最後に株主への支払は企業全体のキャッシュフローから負債を返済した残余分ですので，株主価値は60億円（＝360－100－200）と求められます。

Q3 プロジェクトBが選択された場合は，工場火災発生による収入の不確実性に加えて，倒産コストにも注意を払う必要があります。ここで，**図表11-2**を見てみましょう。

火災が発生した際には，既存事業とプロジェクトからのキャッシュフローを合わせても200億円（＝150+50）であり，負債の返済全額300億円（優先債100億円＋劣後債200億円）には足りません。したがってこの場合，倒産コスト40億円がかかることになります。

企業価値の計算のために場合分けした**図表11-3**を見てください。

図表11-2 ▶▶▶プロジェクト B のフローチャート

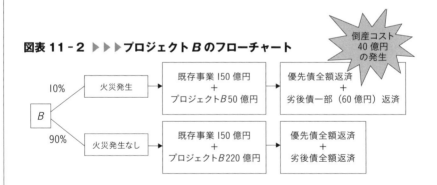

図表11-3 ▶▶▶プロジェクト B の各価値

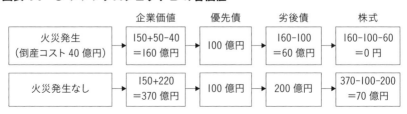

期待値計算を行うと，企業価値は160×0.1+370×0.9＝349億円と求められます。

図表11-3から明らかなように，優先債は火災発生の有無にかかわらず，全額返済されるため，優先債価値は100億円です。劣後債は，火災が発生したならば60億円しか返済されません。なぜなら，既存事業とプロジェクトからのキャッシュフロー合計200億円から，倒産コスト40億円と優先債返済の100億円が支払われ，その残額が劣後債返済に充てられるからです。よって，劣後債の価値は60×0.1+200×0.9＝186億円となります。最後に株主価値は，企業価値から2つの負債の価値を差し引いて求められるため，349－100－186＝63億円と求められます。もしくは，図表11-3から，0×0.1+70×0.9＝63億円と計算してもよいでしょう。

Q4 Q2とQ3の計算結果から，プロジェクトAの株主価値は60億円，Bの株主価値は63億円でした。よって，株主価値最大化の観点からは，プロジェクトBを選択すべきという結果になります。

はたして，プロジェクトBはAに比べてそれほど魅力ある投資でしょうか。図表11-4は，各プロジェクトが選択されたもとでの，各価値をまとめたものです。

プロジェクトのNPVも，また企業価値もプロジェクトAのほうが勝っています。プロジェクトBがAより優位にあるのは株主価値のみです。図表11-4を上から順に眺めてもらうと，劣後債価値がポイントになっていることがわかるでしょう。火災発生によって劣後債保有者へ全額返済が行われないことが，劣後債価値に反映され，株主価値を高める

図表11-4 ▶▶▶ 各価値の比較

各価値	プロジェクトA	プロジェクトB
プロジェクトのNPV	10億円	3億円
企業価値	360億円	349億円
優先債価値	100億円	100億円
劣後債価値	200億円	186億円
株主価値	60億円	63億円

結果につながっています。このように，株主が自らの価値最大化を求めて意思決定を行うと，リスクの大きな投資，そしてある意味非効率な投資を選択してしまうことがあります。これが資産代替問題の典型例です。

3　保険購入戦略による資産代替問題の軽減

Ex.11-1 で考察したとおり，最終的には株主価値の最大化という観点から，リスクの大きなプロジェクトが選択される結果となりました。しかしながら，劣後債への投資を検討している者がプロジェクトBの採択という株主の行動を予測するならば，初期投資に見合う200億円の資金提供を行おうとはしないでしょう。なぜなら，Ex.11-1 のQ3で計算したように，合理的予測のもとでは，劣後債価値が186億円だからです。それでは，事前に何らかの方法をとることによって資金提供者に信用を与え，200億円の初期投資を賄うことはできないのでしょうか。この節では，前問に続く数値例を通じて，保険購入戦略によって資産代替問題を軽減する可能性を検討していきます。

Ex. 11-2　　　　　　　　　　　　　　　　　　　　　　例題

鈴木化学は，劣後債権者に信用を与えるため，プロジェクトBを選択した場合の保険購入を表明しました。この保険は，保険会社に保険料17億円を支払うことによって，工場火災発生時に170億円の保険金が支払われます。その他の条件はすべて Ex.11-1 と同じであるとき，以下の問いに答えてください。

- Q1　プロジェクトBが選択された場合の，企業価値（＝優先債＋劣後債＋株式），優先債価値，劣後債価値，株主価値はそれぞれいくらですか。

- Q2　劣後債権者は200億円の資金提供に応じるでしょうか。

- Q3　株主価値に基づくと，いずれのプロジェクトが選択されますか。

R to A

解 答 と 解 説

Q1 保険購入によって，事後的には企業価値に不確実性はなくなり，プロジェクトB実施からの収入は工場火災の有無にかかわらず203億円に固定されます（図表11-5）。

図表11-5 ▶▶▶ プロジェクトBのキャッシュフロー（既存事業を除く）

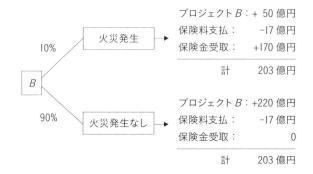

プロジェクトAに関する各価値は Ex.11-1 と全く同じ値になります。プロジェクトBに関して，まず企業価値は，既存事業とプロジェクトBからのキャッシュフローを合計して353億円（＝150+203）となります。次に，負債は全額返済されることから，倒産コストを考慮する必要はなく，優先債価値は100億円，劣後債価値は200億円です。最後に，株主価値は，残余分の53億円（＝353 - 100 - 200）と求められます。

Q2 劣後債権者は200億円の資金提供に応じます。なぜなら，**Q1**で見たように，プロジェクトBを採用し，工場火災が発生したとしても，保険購入によって，劣後債権者への全額返済が確約されているからです。すなわち，債権者と株主の利害対立は生じていないことになります。

Q3 **Q2**の結果から，いずれのプロジェクトが選択される場合でも200億円の劣後債による資金調達が可能であることがわかりました。では，株主はどちらのプロジェクトを選択するでしょうか。プロジェクトAの株主価値は60億円，Bの株主価値は53億円ですから，株主価値最大化から，

プロジェクトAが選択されることになります。 Ex.11-1 とは異なり，企業価値の観点からも望ましい結果といえます。

実は本問のポイントは保険購入そのものというより，むしろプロジェクトBを選択した場合の保険購入を資金提供者に確信させる点にあります。 Ex.11-1 のQ3と比較するとわかるように，株主にとっては保険を購入しないほうが自らの価値が10億円（＝63－53）高いため，保険購入を回避するインセンティブがあります。合理的な債権者ならば鈴木化学が本当に保険を購入するかどうか疑心暗鬼にならざるをえません。そこで，鈴木化学の株主は，たとえば劣後債の契約において，プロジェクトBを実行するならば保険を購入する旨の条項を加えることによって，劣後債へ安心して資金を提供できる環境を作り出すことが重要となります。

なお，本問ではリスクマネジメントのために必要な追加的コスト（付加保険料）を加味していませんが，追加的コストを考慮したとしても結論は変わりません（その理由を Discussion で考えてみましょう）。

4 レバレッジ戦略による資産代替問題の軽減

Ex.11-2 では，リスクマネジメント，たとえば保険の購入によって，資産代替問題が解消される可能性があることを確認しました。資産代替問題の出発点に立ち戻ると，債権者と株主の利害対立に端を発しており，倒産における債権者のリスク負担が原因となっていました。そこでこの節では，レバレッジ戦略によって問題の軽減を試みます。

Ex. 11-3　　　　　　　　　　　　　　　　　　　　　　　　　　　　例題

プロジェクトの初期投資200億円をすべて株式を発行することによって調達します。この資金調達方法の変更以外，すべて， Ex.11-1 と同じであるとします。このとき，株主価値に基づくと，どちらのプロジェクトが選択されますか。

R to A　　　　　　　　　　　　　　　　　　　　　　　　　　解答と解説

　既存事業からのキャッシュフローが150億円であることを踏まえると，いずれのプロジェクトを選択したとしても，既存の負債100億円は確実に全額返済可能です。したがって，本問では株主がプロジェクトに関するすべてのリスクを負担することになります。

　プロジェクトAについては，これまでと同様に計算すると，企業価値は360億円（＝150+210），負債価値は100億円，株主価値は残余分の260億円（＝360 - 100）となります。

　プロジェクトBについては図表11-6を見てください。まず，企業価値は$200 \times 0.1 + 370 \times 0.9 = 353$億円です。火災発生の有無にかかわらず負債は全額返済されますので，負債価値は100億円となります。株主には残余分として，253億円（＝353 - 100）の価値があります。図表11-6から，火災が発生した場合は株主価値が100億円，発生しなかった場合は270億円であることを利用して，$100 \times 0.1 + 270 \times 0.9 = 253$億円と計算しても同じ結果が得られます。

　プロジェクトAにおける株主価値は260億円，Bは253億円ですので，株主価値最大化に基づくと，プロジェクトAが選択されることになります。

　ここで，保険購入戦略を採った Ex.11-2 の結果と比較してみましょう。ま

図表11-6 ▶▶▶プロジェクトBの実施による鈴木化学のキャッシュフロー

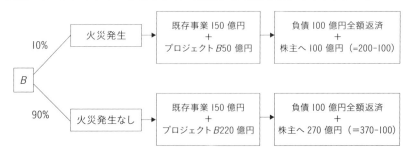

図表11-7 ▶▶▶株主価値の比較

	保険購入戦略	レバレッジ戦略
プロジェクトA	60億円	260億円
プロジェクトB	53億円	253億円

ず，株主価値の比較が**図表11-7**にまとめられています。いずれの場合も，株主価値に照らしてプロジェクトAが選択される結果になりました。レバレッジ戦略がそれぞれ200億円高いのは，株主がプロジェクトの初期投資額200億円を拠出しているためです。

本問では，劣後債権者が存在せず，全額返済を確約された債券保有者のみの設定です。したがって，株主と債権者の利害対立はなく，資産代替問題が解消されています。返済を確約する点で保険購入と同じ効果を発揮しており，第10章でも述べましたが，レバレッジ戦略は保険購入の代替戦略といえます。

5 資産代替問題とリスクマネジメントの意思決定
この章のまとめと発展課題

この章では，企業の債権者と株主の利害対立が引き起こす資産代替問題とそれへの対処策を数値例を通じて確認してきました。

まず Ex.11-1 では，株主価値最大化を基準とすると，倒産のリスクが債権者に押し付けられ，その結果，NPVがより小さく，よりリスクの大きな投資が選択されることがわかりました。この問題の設定では，新規プロジェクトの初期投資が負債で調達されている状態で，株主による意思決定が行われるため，利害対立は避けがたいものとなっていました。プロジェクトの情報が十分に開示されているならば，債権者は株主の行動を予測し，必要資金を提供しようとはしないでしょう。そこで Ex.11-2 では，保険購入戦略によってこの問題の軽減を検討しました。ここでは，プロジェクトの実施に先立って保険購入の確約も資金調達の要件であることを強調しました。さらに，Ex.11-3 では，レバレッジ戦略の有効性を考察しました。

この章では，資産代替問題の軽減方法として，保険購入戦略とレバレッジ戦略をあげましたが，現実には，これらそれぞれについても議論の余地がたくさん残されています。たとえば，資本構成の変更に関して，新規プロジェクトへの資金を株主が拠出することで資産代替問題の解消を試みました。しかし，極端に負債の割合を小さくしてしまうと負債の便益を享受できなくな

ります。だからといって負債割合を上げ過ぎると，広義の倒産コストが増加したり，負債の調達コストに引き上げ圧力がかかったりする可能性が出てきます。さらに，企業が直面する他のエージェンシー問題とも複雑に絡み合っています。結局，株主価値最大化を意思決定の基準とするならば，局面によっては資産代替問題は避けられないものです。とはいえ，この問題を放置しておくと企業価値を高めるような成長機会を見逃すことにもつながってしまうため，やはりリスクマネジメントが必要となってきます。

また，この章の例題では割引率をゼロとしていたため，優先債と劣後債の違いは返済順序のみに現れていました。しかし本来，返済順序が異なるということは，投資家が要求する利回りも異なってきます。順序が後の劣後債には当然優先債よりも高い利回りが求められるでしょうし，企業にとってはより高い資金調達コストがかかることになります。財務上の困難に陥っている企業ならばなおさらプレミアムを要求されることでしょう。このように，詳細についてはさまざまな発展課題が残っています。

Training　　　　　　　　　　　　　　　　　　　　　　　　　解いてみよう

1. Ex.11-1 では鈴木化学の既存事業からのキャッシュフローを150億円と見積もっていましたが，これをそれぞれ50％の確率で100億円と200億円に設定を変更した場合，いずれのプロジェクトが選択されるでしょうか，株主価値を計算することによって答えてください。なお，既存事業からと各プロジェクトからのキャッシュフローは独立とします。また，既存事業からのキャッシュフロー以外の設定は Ex.11-1 と同じとします。

2. Ex.11-3 において，プロジェクトの初期投資200億円を，劣後債と株式を発行することによって，それぞれ100億円ずつ調達するとします。このとき，株主価値の観点から，どちらのプロジェクトが選択されますか。

Discussion　　　　　　　　　　　　　　　　　　　　　　　　　議論しよう

Ex.11-2 ではリスクマネジメントのために必要な追加的コスト（付加保険料）を加味していませんでした。この追加的コストを考慮すると結論は変わるでしょうか。

第12章 過少投資問題とリスクマネジメント

Learning Points
- ▶ なぜ，過少投資問題が発生するのかについて学習します。
- ▶ リスクマネジメントが過少投資問題を緩和することを理解します。

Key Words

債権者と株主のエージェンシー問題　過少投資問題

1 債権者・株主間の利害対立と過少投資問題
この章で学ぶこと

　債権者と株主との利害対立は，特に財務上の困難に直面しそうな企業において，投資のインセンティブに重大な影響を及ぼします。前章では，その一つの側面である資産代替問題について考察するとともに，その問題を軽減する方法として，保険購入戦略およびレバレッジ戦略がいかに有効であるかを検討しました。

　この章では，過少投資問題という現象に着目することによって，それが投資のインセンティブに与える影響について検討したいと思います。たとえば，大規模な工場火災など，企業が財務上の困難に陥る原因となるような損失を経験した場合に，債権者と株主との利害対立を原因として，本来であれば投資されるべき（プラスのNPVをもつ）収益性のある新規のプロジェクトを見送らざるを得ない可能性が生じます。このような現象のことを，**過少投資問題**（Underinvestment Problem）といいます。

　なお，資産代替問題では，債権者と株主との利害対立を原因として，非効率な資産が選択されてしまう問題を扱いましたが，ここでは，収益性のある投資そのものが選択されないという問題を取り扱います。その意味において，

過少投資問題は資産代替問題の一類型であるということができます。

さて，過少投資問題は，収益性のある投資機会をみすみす見送らざるを得ないことを意味しますので，その分だけ企業価値が低下します。そこで，事前に何らかの対策をとることによって，過少投資問題を緩和することができれば，企業価値を高めることができるかもしれません。ここで，リスクマネジメントが一役買うことになります。たとえば，あらかじめ保険を購入しておくことによって，債権者と株主との利害対立が軽減され，過少投資問題が緩和する可能性があるのです。

この章の目的は，過少投資問題とリスクマネジメントに関する基本的な理解を深めてもらうことにあります。まず，過少投資問題が発生するメカニズムについて簡単な数値例を用いて学習します。そのうえで，リスクマネジメントが過少投資問題を緩和し，企業価値を高める可能性について検討します。最後に，リスクマネジメントのために必要な追加的なコストを考慮した場合，その意思決定がどのように変化するかについて考察します。

2 過少投資問題

2.1 債権者が株主の行動を予測しないケース

この節では，以下の例題を通じて，過少投資問題が発生するメカニズムを理解してもらいます。

Ex. 12-1　　　　　　　　　　　　　　　　　　　　　　　　　例題

起業家である水島氏は画期的な事業計画をもっており，その実現のために水島コーポレーションを設立することを検討中です。水島氏は，現在，総額55億円を投資して工場を建設・稼働させ，1年後にその工場を売却・清算することによって，売却金額60億円を回収することができます。ただし，1年後に10%の確率で工場火災が発生し放置しておくと，その場合には工場の売却価値は17億

円にまで低下します。

ここで，火災発生直後に工場の修復を行うために，水島氏が20億円の追加出資を行えば，再び60億円の売却価値を即座に回復することができます。なお，総額55億円の初期投資にあたって，水島氏は自らの10億円の出資に加えて，銀行からの45億円の借入による資金調達を考えています。

水島コーポレーションのキャッシュフローの状況は，**図表12-1**に示されています。銀行は株主の行動を事前に予測せず，倒産コストと税金，貨幣の時間的価値を無視するとき，以下の問いに答えてください。

図表 12-1 ▶▶▶ 水島コーポレーションのキャッシュフロー

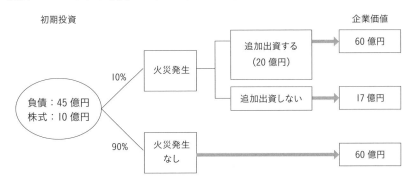

- **Q1** 火災発生後の追加出資の*NPV*はいくらですか。

- **Q2** 追加出資を行うという条件のもとで，水島氏の1年後の期待正味キャッシュフローはいくらになりますか。

- **Q3** 追加出資を行わないという条件のもとで，水島氏の1年後の期待正味キャッシュフローはいくらになりますか。

- **Q4** 株主である水島氏は追加出資を行うでしょうか。

R to A   解 答 と 解 説

本問では，簡単化のため，工場の売却収入以外のキャッシュフローを無視していますので，水島コーポレーションの1年後の企業価値は，同社の所有する工場の売却価値と等しくなります(図表12-1)。

Q1 20億円の追加出資によって工場が修復され，その結果，売却価値が17億円から60億円にまで，43億円回復します。したがって，この追加出資から生じる1年後の正味キャッシュフローは23億円(=43－20)であり，割引率はゼロなので，追加出資のNPVも23億円になります。つまり，企業価値最大化という観点からは，追加出資を行うべきであるといえます。

Q2 工場火災が発生しなければ，1年後に15億円(＝60－返済額45)の正味キャッシュフローを得ることができます。その一方で，工場火災が発生した場合には，追加出資20億円が必要となるので，－5億円(＝60－返済額45－追加出資額20)の正味キャッシュフローとなります。したがって，株主の期待正味キャッシュフローは13億円(＝15×0.9＋(－5)×0.1)となります。

Q3 工場火災が発生しなければ，1年後に15億円の正味キャッシュフローを得ることができます。他方，工場火災が発生した場合には，銀行は債権回収のため工場を差し押さえ，17億円で売却します。その結果，株主の手元には1円も残らないので，1年後の水島氏の正味キャッシュフローはゼロになります。したがって，株主の期待正味キャッシュフローは，13.5億円(＝15×0.9＋0×0.1)となります。

Q4 Q2とQ3の計算結果を株主である水島氏の立場から比較してみると，工場修復のための追加出資を行わなかった場合(13.5億円)のほうが，追加出資を行う場合(13億円)よりも0.5億円だけ，期待正味キャッシュフローが大きいことがわかります。したがって，水島氏は追加出資を行いません。ここに，本来であれば投資されるべき収益性のある新規の投資プロジェクトがみすみす見送られてしまうという，過少投資問題が発生

するのです。

2.2 債権者が株主の行動を予測するケース

Ex.12-1 では,追加出資が行われないという過少投資問題を考察しましたが,そこでは,債権者である銀行は株主である水島氏の行動を事前に予測しない状況を仮定していました。しかしながら,これまでの章でも検討してきたように,合理的な債権者であれば,株主の「追加出資は行わない」という行動を事前に予測するはずです。この点を考慮するために,以下の例題を検討してみましょう。

Ex. 12-2 例題

銀行が,株主である水島氏の「火災発生時に追加出資を行わない」という行動を,当初の45億円の貸付を行う前に予測する場合,以下の問いに答えてください。なお,貸付にあたって設定される金利を除き,それ以外のすべての状況は,Ex.12-1 と同じとします。

Q1 水島コーポレーションの銀行からの借入金利はいくらになりますか。

Q2 本問の場合でも,過少投資問題は発生しますか。

R to A 解答と解説

Q1 工場火災が発生しなかった場合には,45億円の返済は十分に可能です。しかし,工場火災が発生した場合には状況が変化します。Ex.12-1 で確認したとおり,ひとたび貸付を実行してしまった後には,株主は自らの期待正味キャッシュフロー最大化の観点から,追加出資を行わないはずだと,銀行は予測するからです。そして,追加出資がなかった場合には,銀行は17億円しか回収することができません。

このような状況のもと,銀行はいくらの金利を要求するでしょうか。

そこで、銀行が、45億円の貸付に対して1年後の契約上の返済額をいくらに設定するかを考えてみましょう。この金額をx億円とすると、

$x \times 0.9 + 17 \times 0.1 = 45$億円

となるようなxを計算すればよいのです。このような考え方は、第10章で説明したとおりです。上記の式を解けば、xは約48.11億円になるので、この場合の金利は約6.9%になります（$\frac{48.11-45}{45} \times 100\%$）。要するに、銀行が株主の「追加出資を行わない」という行動を事前に予測することによって、元利金返済不能の可能性（信用リスク）が織り込まれ、金利が上昇するのです。この上昇幅は、信用リスクを反映した追加的なプレミアムとみなすことができます。

Q2 次に、株主の正味キャッシュフローを考えてみましょう。工場火災が発生しなかった場合には、1年後に11.89億円（=60−返済額48.11）の正味キャッシュフローを得ます。それでは、工場火災が発生した場合はどうでしょうか。

まず、追加出資を行った場合は、追加出資20億円が必要となるので、1年後には、マイナス8.11億円（=60−返済額48.11−追加出資額20）の正味キャッシュフローとなります。他方、工場修復のための追加出資を行わなかった場合は、17億円で工場を売却し借入金の返済に充てることになるので、株主の手元には1円も残りません。

この結果、水島氏の期待正味キャッシュフローは、①追加出資を行った場合には9.89億円（=11.89×0.9+(−8.11)×0.1）、②追加出資を行わなかった場合には（約）10.7億円（=11.89×0.9+0×0.1）となります。したがって、銀行が株主の「追加出資を行わない」という行動を事前に予測する場合においても、株主である水島氏は追加出資を行わない（過少投資問題の発生）という結論になります。

3 リスクマネジメントと過少投資問題の緩和

　銀行が株主の行動を合理的に予測するならば，Ex.12-2 で検討したように元利金が回収不可能となる可能性を考慮して，通常より高い金利（6.9％）を要求します。その結果，株主である水島氏はやはり追加出資をためらい，1年後の期待正味キャッシュフローは10.7億円にとどまります。

　ここで，仮に，銀行が株主による追加出資を事前に信用したうえで貸付行動をとったならば，株主の1年後の期待正味キャッシュフローは，Ex.12-1 のQ2で検討した13億円になります。それでは，この2.3億円の差異の原因はどこから生じているのでしょうか。Ex.12-1 のQ1で確認したとおり，追加出資それ自体の正味キャッシュフローは23億円であり収益性のある投資機会でした。ところが，工場火災が発生したにもかかわらず，工場修復のための追加出資を行わなかったということは，この収益性のある投資機会をみすみす見送ったということを意味します。実は，先ほどの2.3億円という金額は，この失われた価値の期待値（23×0.1＋0×0.9）を意味していたのです。

　このように考えると，理想的には，銀行が株主の追加出資を事前に信用し，かつ，そのとおりに株主が行動すれば，銀行は事前に契約上の返済額を確実に回収できるとともに，株主にとっても2.3億円という過少投資の発生による価値減少分を回避することができます。これは，両者にとって望ましい状況です。ただ残念ながら，現実には，株主の事後的な裏切りの可能性を排除できない以上，株主が事前に追加出資の確約を明言したところで，銀行はそれを事前に信用することはないでしょう。

　それでは，事前に何らかの方法をとることによって，株主が銀行からの信用を獲得し，過少投資問題を軽減できないでしょうか。そこで，以下の例題を通して，リスクマネジメントが過少投資問題の解決策として有効に機能する可能性を検討したいと思います。

Ex. 12-3　　　　　　　　　　　　　　　　　　　　　　　　　　　　　例　題

水島コーポレーションの設立にあたって，株主である水島氏は，同社のリスクマネジメントとして保険購入戦略を検討しています。同社は保険料3億円の保険を購入することによって，工場火災が発生した場合に，保険金20億円を充当し必ず工場修復を行います。債権者が株主の行動を予測するという点を除き，その他の条件はすべて，Ex. 12-1 と同じです。このとき，以下の問いに答えてください。

Q1 付加保険料はいくらですか。

Q2 水島氏は保険購入を行うでしょうか。

R to A　　　　　　　　　　　　　　　　　　　　　　　　　　　　解 答 と 解 説

Q1 保険金支払額の期待値(純保険料)が2億円($=0\times0.9+20\times0.1$)であるのに対して実際に支払われている保険料が3億円なので，付加保険料は1億円です。

Q2 本問の場合，「保険金を充当し必ず工場修復を行う」という株主からのシグナルによって，工場火災の有無にかかわらず，銀行は事前に決められた契約上の返済額45億円を常に期待できることから，株主は債権者(銀行)からの信用を獲得できます。ここで，保険購入時の株主の正味キャッシュフローを考えてみましょう。まず，工場火災が発生しない場合には，会社には60億円の正味キャッシュフローが見込まれます。そして，保険料3億円の支払い，借入金の返済45億円が差し引かれるので，12億円が1年後の株主の正味キャッシュフローとなります。

　その一方で，工場火災が発生した場合には，工場修復の効果により，60億円のキャッシュフローが見込まれます。ただし，Ex. 12-1 や Ex. 12-2 と大きく異なる点は，20億円の資金を株主が事後的に追加出資するのではなく，受け取った保険金を用いて工場修復を行うという点にあります。この場合，60億円から保険料3億円と借入金返済45億円を差し引くことになるので，この場合にも12億円が1年後の株主の正味

キャッシュフローとなります。

　以上の考察に基づけば，株主である水島氏の1年後の期待正味キャッシュフローは，12億円となります。この金額は，無保険(銀行からの事前の信用が得られず，追加出資が見送られる)の場合の株主の期待正味キャッシュフロー10.7億円を1.3億円上回る金額です。したがって，株主である水島氏はリスクマネジメントのために必要な追加的なコスト(付加保険料)を負担してでも，保険購入を行うことが望ましいと判断するはずです。そして，これにより，過少投資問題も緩和(本問の場合は完全に除去)されることになるのです。

　なお，現実にはありえない理想的な状況ですが，銀行が株主の追加出資を事前に信用し，かつ，そのとおりに株主が行動することを前提に貸付を行ったならば，株主の1年後の期待正味キャッシュフローは13億円(Ex.12-1)でした。そして，本問で考察した12億円はこの金額よりも1億円少なくなっています。この減少分こそが，リスクマネジメントのために必要な追加的なコスト(付加保険料)1億円を意味しているのです。

4　過少投資問題とリスクマネジメントの意思決定
この章のまとめと発展課題

　この章では，リスクマネジメントの意思決定が企業価値に及ぼす影響について，過少投資問題の緩和という観点から考察しました。

　まず， Ex.12-1 では，債権者である銀行と株主との利害対立を原因として，本来であれば投資されるべき収益性のある投資機会がみすみす見送られるという問題(過少投資問題)について検討しました。ただし，ここでは，株主の行動に関する債権者による事前の予測がない状況を仮定していました。そこで， Ex.12-2 では，より現実的な状況として，債権者が株主の事後的な行動を予測する場合を考察しました。ここでは，債権者が追加的に高い金利を要求するとともに，過少投資問題も生じるため，さらに株主の期待正味キャッシュフローが低下してしまうことを確認しました。

> **Column** **成長機会とリスクマネジメント**

この章で学んだリスクマネジメントと過少投資問題の緩和という論点は，企業の将来の成長機会がリスクマネジメントに与える影響と密接に関連しています。つまり，将来の成長機会が高いと予想される企業ほどリスクマネジメントから得られる便益が大きいので，そういった企業ほど，より多くの保険購入やデリバティブによるリスクヘッジなどを行う傾向にあると考えられます。

そもそも，成長機会が高いと予想されている企業は，たとえば大規模な工場火災のような予期せぬ内部資金の減少あるいは枯渇によって，非常に魅力的な投資機会を見送らざるを得ないという事態に直面しがちです。そうであるならば，厳しい資金制約下にある企業においては，将来の魅力的な投資機会を逃さないためにも，あらかじめ内部資金を確保しようというインセンティブが大きいと考えられます。つまり，リスクマネジメントの価値が相対的に高くなるのです。

多くの研究では，こうした理論的な推論が実際の企業行動にどの程度あてはまっているかどうか，データを用いて定量的に確かめようとしています。実際の企業のデータを用いた研究結果によれば，たとえば，研究開発の重要性が高い企業ほど，ヘッジ目的でのデリバティブ利用が多いことがわかっています。大規模な研究開発を行う企業は，将来にわたって一貫して安定した資金を必要とするからです。特に，厳しい資金制約下の企業においては，その傾向は顕著です。予期せぬ資金流出によって，将来の研究開発に内部資金を十分に利用できない企業は，割高な外部資金調達に頼らざるを得ず，深刻な過少投資に陥る可能性が大きいのです。

これらの例題を通じてわかったことは，理想的には，債権者が株主による追加出資を事前に信用したうえで貸付を行いさえすれば，株主の期待正味キャッシュフローは，現実に起こり得る状況（株主が事前に信用されず，過少投資問題が生じる状況）に比べて，大きくなるということでした。そこで，**Ex.12-3** では，リスクマネジメント（保険購入）によって，債権者が株主による追加出資を事前に確信できるならば，過少投資問題が緩和する（除去される）可能性について検討しました。この場合，リスクマネジメントのために必要な追加的なコスト（付加保険料）を負担してもなお，過少投資問題の緩和によるプラスの効果が十分に大きければ，株主にも保険を購入するインセンティブがあることを確認しました。

もちろん，リスクマネジメントのために必要な追加的コストの大きさ次第

では，株主の意思決定が変化する可能性もあります。そこで，この点を確認するために，Training の問題を解いてみてください。問題を解くことで，過少投資問題の緩和によって生じる株主価値の増加分と，リスクマネジメントのために必要な追加的コストによる株主価値の低下分とのトレードオフについて，理解を深めることができます。

Training　　　　　　　　　　　　　　　　　　　　解いてみよう

水島コーポレーションは，保険料を5億円支払います。それ以外の条件はすべて，Ex. 12-3 と同じです。このとき，株主である水島氏は保険購入を行うでしょうか。

第13章 税便益とリスクマネジメント

Learning Points

▶税便益が生じるメカニズムを，課税構造の非線形性という性質に基づいて学習します。
▶税便益を享受することを通じて，リスクマネジメントが企業価値を高めることを学びます。
▶リスクマネジメントのために必要な追加的コストの大きさ次第では，むしろ企業価値が低下してしまうことを理解します。

Key Words

税便益　課税構造の非線形性　累進税率

1　課税構造の非線形性
この章で学ぶこと

　これまでは，税金が存在しない状況を仮定してきましたが，現実には，企業は法人税を支払わなければなりません。この章では，法人税を考慮した場合に，リスクマネジメントが税便益を通じて企業価値を高める可能性について考察します。

　そもそも，法人税は，当期利益（税引前）を調整した課税所得に税率を乗じることによって算定されます。なお，厳密に言えば，財務会計上の概念である当期利益（税引前）と税務上の概念である**課税所得**とは異なります。ただ，両者を厳密に区別することは，この章のテーマを理解するうえでは，さほど重要ではありません。そこで，以下では，当期利益（税引前）に税率を掛けることで法人税額が計算されると単純化して，話を進めたいと思います。また，現実には法人税以外にもさまざまな税を考慮すべきですが，ここでは法人税のみに絞って議論を進めます。

さて、株主の取り分である当期利益（税引後）は、当期利益（税引前）から法人税額が差し引かれることによって計算されます。ということは、社外に流出する税額（厳密には、期待税額の現在価値）を何らかの取引を行うことによって小さくすることができれば、最終的な株主の取り分が大きくなります。このような効果のことを、**税便益（タックス・ベネフィット）** といいます。

なお、税額の計算にあたって、一つ注意しなければならない点があります。それは、当期利益（税引前）がマイナスの赤字企業には、一般に、税金がかからないということです。たとえば、法人税の税率が40％の場合、当期利益（税引前）が100万円の場合の税額は40万円ですが、当期利益（税引前）が0円以下の場合は、税額は0円のままです。図表13-1はこの様子を描いているのですが、当期利益（税引前）に対する税額の関係が直線（線形）になっていません。これを、**課税構造の非線形性** といいます。

さて、先ほどの例では、当期利益（税引前）が0円のところでグラフが折れ曲がっており、0円以上では右上がりの直線でしたが、現実には、さらに複雑な課税構造をもつ場合もあります。たとえば、当期利益（税引前）が400万円までは税率20％、400万円超から800万円までは23％、800万円を超えると34％というように、当期利益（税引前）が増加するにつれて税率が高くなる場合もあります。このような課税構造のことを**累進税率**といいます。いうまでもなく、累進税率も課税構造の非線形性の一例です。

図表 13-1 ▶▶▶ 課税構造の非線形性

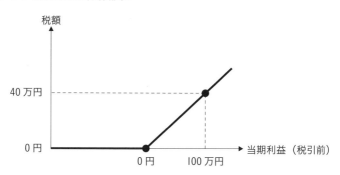

この章では，保険購入を例にとって，リスクマネジメントが当期利益（税引前）の変動幅を縮小させ，税便益を享受することによって，企業価値を高めるメカニズムについて理解します。はじめに，税便益が生じるメカニズムを，課税構造の非線形性という性質に基づいて学びます。そのうえで，税便益を享受することを通じて，リスクマネジメントが企業価値を高める可能性を検討します。最後に，リスクマネジメントのために必要な追加的コストの大きさ次第では，企業価値が低下する場合があることを理解します。

2 利益が十分にある場合

リスクマネジメントは，税便益を享受することを通じて，企業価値に影響を与えるのでしょうか。ここでは，当期利益（税引前）が十分にある場合を念頭に置いて，この問題を考えてみたいと思います。結論を先取りすると，万が一，損害が発生した場合でも，当期利益（税引前）の黒字を確保できるような場合には，保険購入の有無は企業価値には影響を与えない可能性があります。

Ex. 13-1　例題

下和田工業は，自社工場で製品の生産を行っており，平常時には，年間6,000万円の利益をあげることができます。ただし，2％の確率で工場火災が発生した場合には，5,000万円の損害が発生します。法人税は，当期利益（税引前）がプラス(黒字)のときは税率30％ですが，赤字のときは非課税(税率0％)となります。なお，簡単化のために，同社は100％株式で資金を調達しており，負債はないと仮定します(企業価値＝株主価値)。また，同社の営業は1年間のみ，資本コストはゼロとします。このとき，以下の問いに答えてください。

Q1　下和田工業の期待税額と期待当期利益(税引後)を計算してください。

Q2 下和田工業は,保険料100万円を支払うことで,5,000万円の損害を全額カバーする保険の購入を検討しています。このとき,同社の期待税額と期待当期利益(税引後)を計算してください。

Q3 Q1とQ2の計算結果を比較したうえで,下和田工業が保険購入を行うことの是非について,企業価値最大化の観点から検討してください。

| R to A | 解 答 と 解 説 |

Q1 下和田工業の当期利益(税引前)は,98%の確率で6,000万円,2%の確率で1,000万円です。したがって,税額は1,800万円か300万円のいずれかであり,期待税額は1,770万円(=1,800×0.98+300×0.02)となります。

また,当期利益(税引後)は,98%の確率で4,200万円,2%の確率で700万円です。したがって,期待当期利益(税引後)は4,130万円(=4,200×0.98+700×0.02)です(図表13-2)。

Q2 下和田工業は,保険を購入しているので,工場火災が発生した場合には,5,000万円の保険金を受け取ることができます。ただし,保険料を100万円支払っているので,当期利益(税引前)は5,900万円(=6,000 - 保険料100 - 損害5,000 + 保険金5,000)です。

その一方で,工場火災が発生しなかった場合には,保険料100万円の支払いのみが生じるので,当期利益(税引前)は5,900万円(=6,000 - 保険

図表13-2 ▶▶▶ 下和田工業のキャッシュフロー(無保険)

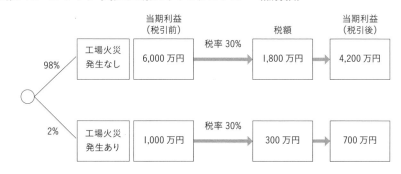

図表13-3 ▶▶▶ 下和田工業のキャッシュフロー（保険購入）

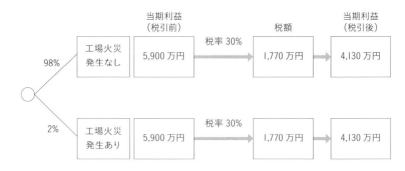

料100)となります。したがって，期待税額は1,770万円(=5,900×税率0.3×0.98+5,900×税率0.3×0.02)となります。

また，同社の当期利益(税引後)も，工場火災の発生の有無にかかわらず，4,130万円に固定されるので，期待当期利益(税引後)は4,130万円になります(**図表13-3**)。

Q3 問題文より資本コストがゼロなので，企業価値は期待当期利益(税引後)と等しくなります。さて，**Q1**と**Q2**の計算結果を比較すると，保険購入の有無にかかわらず，期待当期利益(税引後)は4,130万円で同じです。したがって，保険購入の有無といったリスクマネジメントの意思決定に関して，企業価値最大化の観点からは無差別(どちらでもよい)ということになります。

3 利益が十分にない場合

Ex.13-1 では，工場火災により5,000万円の損害が発生した場合でも，当期利益（税引前）は黒字（1,000万円）を確保できました。その結果，損害発生の有無にかかわらず，税金の支払いが発生し，保険の購入の有無は企業価値に何ら影響を及ぼしませんでした。それでは，損害発生時に当期利益(税

引前）が赤字に転落するような状況を考えた場合，保険の購入は企業価値に影響を及ぼすのでしょうか。

Ex. 13-2 例題

大林工業は，自社工場で製品の生産を行っており，平常時には，年間2,000万円の利益をあげることができます。ただし，2％の確率で工場火災が発生した場合には，5,000万円の損害が発生します。法人税は，当期利益（税引前）がプラス（黒字）のときは税率30％ですが，赤字のときは非課税（税率0％）とします。なお，簡単化のために，同社は100％株式で資金を調達しており，負債はないと仮定します（企業価値＝株主価値）。また，同社の営業は1年間のみ，資本コストはゼロとします。このとき，以下の問いに答えてください。

Q1 大林工業の期待税額と期待当期利益（税引後）を計算してください。

Q2 大林工業は，保険料100万円を支払うことで，5,000万円の損害全額をカバーする保険の購入を検討しています。このとき，同社の期待税額と期待当期利益（税引後）を計算してください。

Q3 Q1とQ2の計算結果を比較したうえで，大林工業がリスクマネジメント（保険購入）を行うことの是非について，企業価値最大化の観点から検討してください。

R to A 解答と解説

Q1 大林工業の当期利益（税引前）は，98％の確率で2,000万円，2％の確率でマイナス3,000万円（＝損害発生前利益2,000－損害5,000）のいずれかです。なお，本問では，1期のみの営業を仮定しているので，厳密にいえば倒産状態ともいえますが，ここでは税便益の影響のみを考察するので，この点は考慮しないことにします。つまり，当期利益（税引前）がマイナスのときは非課税（税率0％）となる点が，Ex. 13-1 との違いです。

したがって，税額は，98％の確率で600万円，2％の確率で0円なので，

図表 13-4 ▶▶▶大林工業のキャッシュフロー（無保険）

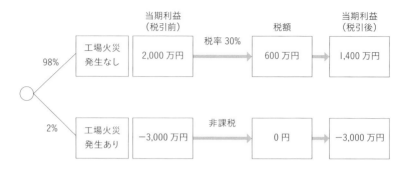

期待税額は588万円（=600×0.98+0×0.02）となります。また，当期利益（税引後）は，98％の確率で1,400万円，2％の確率でマイナス3,000万円なので，期待当期利益（税引後）は1,312万円（=1,400×0.98+(−3,000)×0.02）となります（図表13-4）。

Q2　大林工業は，保険を購入しているので，工場火災が発生した場合には，5,000万円の保険金を受け取ることができます。ただし，保険料を100万円支払っているので，当期利益（税引前）は1,900万円（= 平常時利益2,000−保険料100−損害5,000+保険金5,000）です。その一方で，工場火災が発生しなかった場合には，保険料100万円の支払いのみが生じるので，この場合も当期利益（税引前）は1,900万円となります。したがって，期待税額は570万円（=1,900万円×税率0.3）です。当期利益（税引後）も，工

図表 13-5 ▶▶▶大林工業のキャッシュフロー（保険購入）

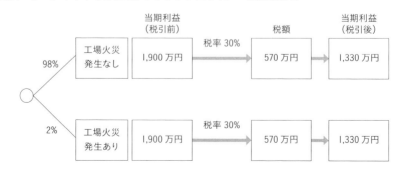

図表13-6 ▶▶▶ リスクマネジメント（保険購入）と税便益

	税額（期待値）	企業価値
Q1　保険購入なし	588万円	1,312万円
Q2　保険購入あり	570万円	1,330万円

場火災の発生の有無にかかわらず，1,330万円（＝1,900－570）に固定されるので，期待当期利益（税引後）は1,330万円になります（**図表13-5**）。

Q3　Q1とQ2の計算結果を比較すると，保険を購入した場合のほうが，18万円（＝1,330－1,312）だけ期待当期利益（税引後）が大きくなるので，企業価値最大化の観点からは，大林工業は保険購入を行うべきです（**図表13-6**）。

それでは，なぜ，保険を購入した場合のほうが，企業価値が大きくなるのでしょうか。そこで，Ex.13-1 と Ex.13-2 を比較することを通じて，その原因を検討してみましょう。まず，Ex.13-1 の下和田工業の場合，損害発生前利益が6,000万円と十分にあったため，損害額（5,000万円）のすべてを課税所得から控除することができました。

これに対して，Ex.13-2 の大林工業の場合，損害発生前利益が2,000万円しかないため，損害額（5,000万円）のすべてを課税所得から控除することができず，その一部（2,000万円分）のみが控除の対象となりました。要するに，税便益の機会を提供してくれるはずの損害額のうち，3,000万円分は企業価値向上のために有効活用できていなかったのです。

ここに，大林工業が保険を購入する動機が生じます。保険購入によって，当期利益（税引前）を安定化することができ，その結果，損害発生時においても，税便益を余すことなく享受することができるのです。

保険未購入の場合に，大林工業が有効活用できなかった税便益は，3,000万円に税率30％を乗じた金額がベースとなりますが，それは工場火災発生時（2％）に生じるので，18万円（＝3,000×税率0.3×0.02）になります。この18万円という金額は，**Q1**と**Q2**で計算された期待税額ならびに企業価値の差異と一致します。

4 税便益とリスクマネジメントのコスト

Ex.13-2 では、リスクマネジメントのために必要な追加的コスト（付加保険料）は考慮していませんでした。それでは、付加保険料を考慮した場合、Ex.13-2 で検討した保険購入の意思決定は変化するのでしょうか。

Ex. 13-3　　　　　　　　　　　　　　　　　　　　　　　　例　題

大林工業は、保険料130万円を支払うことで、5,000万円の損害全額をカバーする保険の購入を検討しています。その他の条件はすべて、Ex.13-2 と同じであるとき、同社がリスクマネジメント（保険購入）を行うことの是非について、企業価値最大化の観点から検討してください。

R to A　　　　　　　　　　　　　　　　　　　　　　　　解　答　と　解　説

大林工業は、保険料130万円（付加保険料30万円）を支払うことで、保険を購入し、工場火災発生時には、5,000万円の保険金を受け取ることができます。したがって、この場合の当期利益（税引前）は1,870万円、税額は561万円です。他方、工場火災が発生しなかった場合には、保険料130万円の支払いのみが生じるので、この場合も当期利益（税引前）は1,870万円、税額は561万円になります。

その結果、期待当期利益（税引前）は1,870万円、期待税額は561万円となりま

図表 13-7 ▶▶▶大林工業のキャッシュフロー（保険購入－付加保険料を考慮）

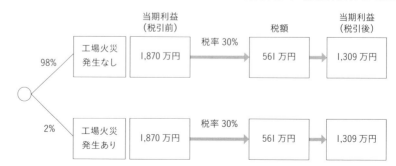

す。したがって、同社の当期利益（税引後）は、工場火災の発生の有無にかかわらず、1,309万円に固定されるので、期待当期利益（税引後）も1,309万円になります（図表13-7）。

ここで、Ex.13-2 のＱ１の計算結果を比較すると、保険を購入した場合のほうが、3万円(=1,312－1,309)だけ企業価値が小さくなります。したがって、企業価値最大化の観点から、大林工業はリスクマネジメントとして、保険を購入すべきではないと結論づけられます。

このように、リスクマネジメントの意思決定（たとえば保険購入）は、利益の安定化を通じた税便益の享受によって企業価値に対してプラスの影響を与える一方で、そのために必要な追加的なコスト（付加保険料など）が高すぎる場合には、かえって企業価値を低下させてしまう可能性もあります。要するに、税便益とリスクマネジメントのために必要な追加的コストの大小関係を理解することが重要なのです。

5　税便益とリスクマネジメントの意思決定
この章のまとめと発展課題

この章では、法人税を考慮した場合に、リスクマネジメントが企業価値に与える影響について検討してきました。

まず、Ex.13-1では、当期利益（税引前）が損害額に対して十分にある場合には、保険購入の有無は、企業価値には何ら影響を及ぼさないことを確認しました。そのうえで、Ex.13-2では、当期利益（税引前）が損害額に対して十分でない場合には、保険購入によって企業価値が高まる可能性を考察しました。なぜ、このような違いが生じたのでしょうか。

その答えは次のようなものでした。すなわち、課税構造の非線形性のもとでは、保険購入によって、当期利益（税引前）を安定化させることができ、その結果、損害発生時においても、税便益を余すことなく享受することがで

きたからです。

しかしながら、リスクマネジメントのために必要な追加的コスト（付加保険料など）を考慮すると、場合によっては企業価値が低下してしまうことを、Ex.13-3 で確認しました。

なお、この章では、問題の本質をクリアにするために、いくつか単純な仮定を置いていました。たとえば、税便益のメリットを翌年以降に繰り越すことができないという仮定です。しかしながら、現実には、一定期間内の損失の繰越しが制度的に認められる場合もあります。これを繰越欠損金といいます。単年度の課税所得がマイナスになった場合でも、一定期間内であれば、繰越欠損金の全部または一部を、翌期以降の課税所得から控除し、税便益のメリットを享受することができるのです。

したがって、繰越欠損金を明示的に考慮する場合には、この章で検討した問題はやや複雑になります。ただし、損失の繰越しを行った場合に、繰り越された損失が「将来」の課税所得に対する税額の削減効果を有するかどうかは、不確実な問題でもあります。たとえば、繰り越されたすべての損失が活用される前に、制度上認められた所定の期限が到来してしまうかもしれません。あるいは、繰越欠損金を活用する予定であった企業が、それを活用しきる前に倒産してしまうかもしれません。

このように、現実の問題はきわめて複雑です。とはいえ、この章で学んだ基本的な分析枠組みが有効であることには変わりありません。基本的な分析枠組みを拡張することよって、より現実的な議論が可能となるのです。

Training

解いてみよう

Ex.13-2 と Ex.13-3 で登場した大林工業は、付加保険料がいくらまでならば、企業価値最大化の観点から、保険購入が望ましいといえますか。

第14章 経営者のリスク回避性とリスクマネジメント

Learning Points
- ▶株主と経営者の利害対立が引き起こす影響について考察します。
- ▶インセンティブ報酬の導入によって，株主と経営者のエージェンシー問題が緩和されることを理解します。
- ▶報酬制度の違いが，リスクマネジメントの意思決定にどのような影響を及ぼすのかについて学びます。

Key Words
株主と経営者のエージェンシー問題　経営者のリスク回避性　固定報酬　インセンティブ報酬

1 株主と経営者の利害対立
この章で学ぶこと

　第10章から第12章までは，債権者と株主の利害対立が引き起こすさまざまな問題（倒産コスト，資産代替問題，過少投資問題）とリスクマネジメントの関係について学びました。しかしながら，委託者（プリンシパル）と代理人（エージェント）の利害対立は，債権者と株主の問題だけにとどまりません。もう1つの代表的な利害対立として，株主と経営者の問題があげられます。

　株式会社制度の特徴の1つに，所有と経営の分離があります。経営者は企業の本来の所有者である株主から経営権を委託され，彼らの代理人として実務を取り仕切っています。経営者は企業経営の専門家であり，事業内容に精通し，また組織管理に長けた人材が選ばれます。株主がこうした人物を経営者として選任し，業務を委託することで，より効率的な企業経営を実践することができます。

ただし，経営者が常に株主のために働くかどうかはわかりません。経営者によっては，自身の利益追求のために行動するかもしれません。それは，金銭のためかもしれませんし，あるいは自身の名誉，会社への愛着，社会的使命といった非金銭的な欲求であるかもしれません。いずれにせよ，経営者は，株主とは異なる目線で行動する可能性があります。

　このような株主と経営者の利害対立を引き起こす問題を，株主と経営者のエージェンシー問題といいます。この問題を放置してしまえば，債権者と株主のエージェンシー問題と同様，企業価値にマイナスの影響をおよぼすでしょう。

　あまりに株主の利益を損ねる行動をとる経営者に対して，株主は株主総会を通じて経営者を辞めさせることができます。しかしながら，こうした機能が常に有効に働くかどうかはわかりません。直接経営に携わることのない株主は，経営者に比べて企業内部に関する知識が不足しているため，経営者は自身にとって不利になるような情報を意図的に隠すことが可能だからです。その結果，株主は経営者の利己的行動を見抜けないかもしれません。

　そこで，株主と経営者のエージェンシー問題を緩和する別の手段として，両者の利害を一致させるような仕組みを構築する方法があります。たとえば，経営者の報酬を企業の利益と直接結びつけるような報酬制度の採用です。株主にとって最大の関心事は株主価値の最大化であり，そのため純利益をより増やすように経営者に要求します。そこで，経営者に対して自社の利益と経営者の報酬が連動する報酬制度（**インセンティブ報酬**）を導入することで，経営者は自身の報酬を高めるために自社の利益を増やそうと一生懸命働くようになり，両者の利害を一致させることができます。

　ところで，もしインセンティブ報酬を導入すれば，会社の利益の変動に応じて経営者の収入も変動することになりますが，これは何を意味するのでしょうか。経営者が期待効用仮説にしたがうならば，彼らは企業価値の最大化ではなく，あくまで自身の期待効用を最大化するように行動します。通常，個人はリスク回避的ですので，リスク回避的な経営者は，自身の収入が安定することを望み，将来の収入が不確実な状況を好まないでしょう。こうした

状況において，企業のリスクマネジメントはどのような効果をもたらすのでしょうか。

この章では，まずインセンティブ報酬として，業績連動報酬の導入が株主と経営者のエージェンシー問題を緩和することを示します。そして，経営者のリスク回避性によって，経営者は業績連動報酬を受け入れる際に自身の報酬の不確実性への対価を要求することを確認し，リスクマネジメントがこうした対価を引き下げる効果があることを学びます。最後に，もう1つの代表的なインセンティブ報酬であるストック・オプションを取り上げ，報酬制度の違いがリスクマネジメントの意思決定に及ぼす影響について考察します。

2 経営者の報酬制度の選択

典型的なインセンティブ報酬として，**業績連動報酬**があげられます。これは利益などの企業業績に比例して収入が決まる報酬制度です。一方で，企業の業績にかかわらず一定の収入を受け取る報酬制度を**固定報酬**といいます。まず，経営者への報酬として固定報酬と業績連動報酬のどちらかが採用された場合に，経営者の効用にどのような影響が生じるのか考えてみましょう。

Ex. 14-1 例題

三田物産は100%株式で資金を調達し，経営を行っています。同社の正味キャッシュフローは年度末の為替レートに依存しており，それぞれ50%の確率で1億円か4億円になると予想されています。同社は，経営者である石田氏への報酬を支払う方法として，固定報酬と業績連動報酬のいずれかを検討しています。固定報酬の場合は石田氏に2,500万円が支払われ，業績連動報酬の場合は三田物産の正味キャッシュフローの10%が支払われるとします。一方，石田氏は$U=\sqrt{W}$で表される効用Uを高めることを目的としています（W万円は石田氏への報酬額）。また，簡便化のため，税金は考えないものとします。このとき，以下の問いに答えてください。

- **Q1** 固定報酬のときの石田氏の期待効用を求めてください。

- **Q2** 業績連動報酬のときの石田氏の期待効用を求めてください。

- **Q3** 三田物産の株主は，石田氏への報酬として，固定報酬か業績連動報酬のどちらの報酬制度を提案すべきでしょうか。

- **Q4** 石田氏は固定報酬か業績連動報酬のどちらの報酬制度を好むでしょうか。

R to A

解 答 と 解 説

- **Q1** 固定報酬の場合，石田氏に必ず2,500万円の報酬が支払われます。石田氏の効用は$U=\sqrt{W}$で表されることから，期待効用は，

    $$EU=\sqrt{2,500}\times 1.0=50$$

    となります。

- **Q2** 業績連動報酬の場合，石田氏への報酬は三田物産の正味キャッシュフローが1億円か4億円になるかに応じてそれぞれ，

    三田物産のNCFが1億円のとき： 1億円×0.1＝1,000万円
    三田物産のNCFが4億円のとき： 4億円×0.1＝4,000万円

    となります。同社の正味キャッシュフローが1億円になるか4億円になるかはそれぞれ50％の確率ですので，期待効用は，

    $$EU=\sqrt{1,000}\times 0.5+\sqrt{4,000}\times 0.5=(約)47.43$$

    となります。

- **Q3** 三田物産の期待正味キャッシュフローは2億5,000万円（＝1億×0.5＋4億×0.5）となります。株主は同社の正味キャッシュフローから石田氏への報酬額を差し引いた部分を受け取ることになりますので，固定報酬の場合は，2億2,500万円（＝2億5,000万－2,500万）が株主に帰属する期待

図表14-1 ▶▶▶ 石田氏への期待効用と株主の正味キャッシュフロー

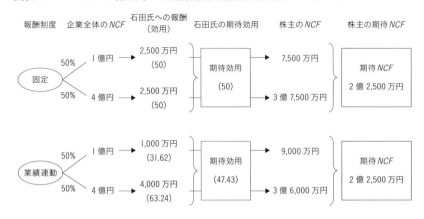

正味キャッシュフローとなります。

　一方で，業績連動報酬の場合の石田氏の期待報酬額は2,500万円（＝1,000×0.5＋4,000×0.5）となることから，こちらの場合も株主の期待正味キャッシュフローは，2億2,500万円（＝2億5,000万－2,500万）です。したがって，株主にとって固定報酬か業績連動報酬かの選択は無差別（どちらでもよい）となります（図表14-1）。

Q4　業績連動報酬のときの石田氏の期待効用は47.43であり，固定報酬のときの効用50よりも小さくなります。そのため，石田氏は固定報酬のほうが好ましいと感じます。

　この関係を図で示してみましょう。図表14-2は横軸に石田氏の報酬額W，縦軸に石田氏の効用を表しています。$U=\sqrt{W}$は図の曲線で描かれるような形状をしていますが，これは第4章で説明したとおり，石田氏がリスク回避的であることを意味しています。

　図表14-2にQ1とQ2の結果を当てはめると，以下のとおりになります。期待報酬額は，固定報酬も業績連動報酬も同じ2,500万円ですが，固定報酬2,500万円を受け取る石田氏の効用50は，50％の確率で報酬が1,000万円になるか4,000万円になる場合の期待効用47.43よりも大きくなります。

図表 14-2 ▶▶▶ 報酬制度の違いによる石田氏の効用

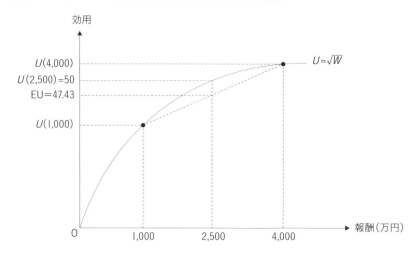

3 経営者の努力を考慮した場合

　経営者がリスク回避的であるとき，彼らは自身の期待報酬額が同じであればより確実なほうを好むことがわかりました。それでは，株主が経営者の報酬制度を決める際に，他に考慮しなければならないこととして何があるでしょうか。Ex.14-1 では，経営者が懸命に働いて会社のキャッシュフローを高める努力をすることについては考えていませんでした。以下の例題では経営者の努力を考慮に入れて再検討してみましょう。

Ex. 14-2 例題

三田物産の株主は，石田氏への報酬として固定報酬にするか，業績連動報酬にするかを検討しています。固定報酬の場合は石田氏に2,500万円の報酬が支払われ，業績連動報酬の場合は同社の正味キャッシュフローの10%が支払われます。ここで石田氏は同社のために労力を惜しまず頑張って働くか，そうしないかを選択できるとしましょう。石田氏が労力を惜しんでしまえば，同社の正味キャッシュフローは50%の確率で1億円か4億円となります。一方で，石田氏が労力を惜しまず働けば，同社の正味キャッシュフローは増加し，50%の確率で1億5,000万円か4億5,000万円となります。ただし，石田氏が頑張って働けば，その労力分だけ石田氏の効用は1低下します。このとき，以下の問いに答えてください。

Q1 固定報酬が選択されたときの石田氏の期待効用を求め，石田氏が労力を惜しまず働くかどうか答えてください。

Q2 業績連動報酬が選択されたときの石田氏の期待効用を求め，石田氏が労力を惜しまず働くかどうか答えてください。

Q3 三田物産の株主は，石田氏への報酬として，固定報酬か業績連動報酬のどちらの報酬制度を提案すべきでしょうか。

R to A 解答と解説

Q1 固定報酬の場合，石田氏には三田物産の正味キャッシュフローにかかわらず2,500万円の報酬が支払われますので，石田氏が頑張って働かないときの期待効用は，Ex.14-1 のQ1から，50となります。

一方で，頑張って働いたときも同じく2,500万円の報酬が支払われますので，報酬から得られる石田氏の期待効用は同じく50となりますが，そこから労力分の1を引くことになるため，石田氏が頑張って働いたときの期待効用は，49($=50-1$)となります。したがって，固定報酬の場合，石田氏は労力を惜しんで頑張って働こうとはしません。

Q2 業績連動報酬の場合,石田氏が頑張って働かなければ,三田物産の正味キャッシュフローは50%の確率で1億円か4億円となるため,石田氏への報酬は同社の正味キャッシュフローの10%,すなわち1,000万円か4,000万円となります。したがって,このときの石田氏の期待効用は,Ex.14-1 のQ2から,47.43となります。

一方で,石田氏が頑張って働けば,三田物産の正味キャッシュフローは50%の確率で1億5,000万円か4億5,000万円かになるため,石田氏への報酬は1,500万円か4,500万円となります。したがって,このときの石田氏の期待効用は,

$$EU = (\sqrt{1,500} \times 0.5 + \sqrt{4,500} \times 0.5) - 1 = (約) 51.91$$

となります。

期待効用を比較すると,努力に対する効用の低下分を考慮したとしても頑張って働いたほうが高くなります。したがって,石田氏は労力を惜しまず頑張って働きます。

Q3 固定報酬の場合,**Q1**の結果から石田氏は頑張って働かないため,三田物産の株主が受け取るキャッシュフローは,Ex.14-1 のQ3からわかるように2億2,500万円(=2億5,000万−2,500万)となります。

一方で,業績連動報酬の場合,**Q2**の結果から石田氏は頑張って働くため,同社の正味キャッシュフローは50%の確率で1億5,000万円か4億5,000万円となります。したがって,同社の期待正味キャッシュフローは3億円(=1億5,000万×0.5+4億5,000万×0.5)となります。また,このときの石田氏への期待報酬額は3,000万円(=1,500×0.5+4,500×0.5)ですので,株主の期待正味キャッシュフローは,2億7,000万円(=3億−3,000万)となります。このことから,株主は業績連動報酬を提案すべきです。

これまでの話をまとめると,**図表14-3**のとおりとなります。三田物産の株主が業績連動報酬を提案することで,株主のキャッシュフローも増加する一方,石田氏の期待効用も高まりますので,Win-Winの関係になります。こ

図表 14-3 ▶▶▶ 報酬制度の違いと株主のキャッシュフロー
（石田氏の努力を考慮した場合）

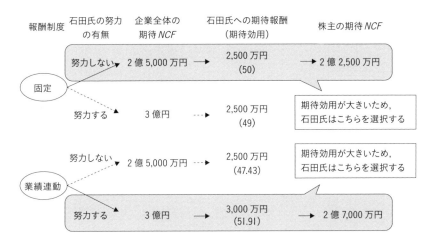

のように両者の利害を一致させるような報酬制度を構築することは，株主と経営者のエージェンシー問題を緩和する有効な手段です。

4 業績連動報酬の対価

Ex.14-2 で考察したとおり，業績連動報酬を選択した場合の石田氏の期待報酬額は3,000万円となり，固定報酬のときと比べて500万円高くなっています。石田氏にとって，固定報酬のときの効用が50である一方，業績連動報酬のときに石田氏が努力する場合の期待効用は51.91となりました。したがって，石田氏は自身の効用を高めるこの業績連動報酬の提案を喜んで受け入れるでしょう。では，株主が業績連動報酬における石田氏への報酬割合を引き下げたらどうなるでしょうか。

石田氏への報酬割合を正味キャッシュフローの10％から9％に減らした場合を考えてみましょう。このとき，石田氏への報酬は三田物産の正味キャッシュフローが1億5,000万円か4億5,000万円になるかに応じてそれぞれ，

三田物産のNCFが1億5,000万円のとき：1億5,000万円×0.09＝1,350万円
三田物産のNCFが4億5,000万円のとき：4億5,000万円×0.09＝4,050万円

となります。したがって，このときの石田氏の期待効用は，

$$EU = (\sqrt{1{,}350} \times 0.5 + \sqrt{4{,}050} \times 0.5) - 1 = （約）49.19$$

となり，固定報酬のときの効用50を下回るので，石田氏はこの業績連動報酬を好ましいと感じないでしょう。

もし株主がこの報酬制度を無条件に押し通そうとすれば，石田氏は三田物産を辞めて別の会社に転職するかもしれません。安い報酬制度では，能力の高い人材を集めづらくなります。それでは，三田物産がこのような報酬制度の変更を無理なく実行するためには，どのような条件が必要とされるのでしょうか。この点を考えるために，石田氏はなぜ固定報酬のときよりも高い期待報酬額を，業績連動報酬のときに要求しているのかについて分析してみましょう。

図表14-4のとおり，リスク回避的な経営者は業績連動報酬を受け入れるために，固定報酬に加えて①自らの努力に対する対価，および②報酬額が不確実であることへの対価，という2つの対価を要求します。

1点目の対価は，経営者が業績を高めようと頑張って働いたことへの報酬部分です。経営者が会社のために一生懸命働くならば，その労力は報酬に加味されていなければなりません。

2点目の対価は，将来の報酬額が現時点で確定していないというリスクを経営者が受け入れることに対する報酬部分です。業績連動報酬では，三田物

図表14-4 ▶▶▶業績連動報酬に含まれる対価

産の正味キャッシュフローの変動に応じて，経営者の報酬額も変動します。経営者はリスク回避的であるため，石田氏は将来の報酬額が確定していないというリスクへの対価を要求します。

5　リスクマネジメントによる業績連動報酬への影響

先ほど説明した経営者努力への対価は，経営者が頑張って働いたことへの報酬として必要不可欠なものです。株主もこの部分を引き下げることは，なかなか難しいでしょう。一方で，報酬が不確実であることに対する経営者への対価は，リスクマネジメントによって引き下げることができるかもしれません。次の例題で，この点を検討してみましょう。

Ex. 14-3　　　　　　　　　　　　　　　　　　　　　　　　　例題

三田物産は，為替リスクのヘッジを検討しています。ヘッジを行うことで，同社の正味キャッシュフローが年度末の為替レートに依存しなくなり，その期待値と等しくなるとしましょう。ヘッジにかかる追加的なコストはゼロとします。株主は，石田氏への報酬として，三田物産の正味キャッシュフローの9％を支払う業績連動報酬を提案するとしましょう。このとき，以下の問いに答えてください。

- **Q1**　2,500万円の固定報酬のときと比較して，石田氏はこの業績連動報酬を喜んで受け入れるでしょうか。

- **Q2**　ヘッジを行うことで，Ex.14-2 のときと比べて，三田物産の株主が受け取るキャッシュフローはどれだけ変化するでしょうか。

R to A　　　　　　　　　　　　　　　　　　　　　　　解答と解説

- **Q1**　ヘッジを行ったときの三田物産の正味キャッシュフローはその期待値に等しくなるため，石田氏が頑張って働かなければ，Ex.14-1 のQ3か

ら2億5,000万円であることがわかります。したがって，石田氏への報酬額は，その期待正味キャッシュフロー2億5,000万円の9％である2,250万円で固定されます。このときの石田氏の期待効用は，

$$EU = \sqrt{2,250 \times 1.0} = (約)47.43$$

となります。

 一方，石田氏が頑張って働けば，同社の期待正味キャッシュフローは Ex.14-2 のＱ３から３億円であることがわかります。したがって，石田氏への報酬額はその9％である2,700万円で固定されます。したがって，このときの石田氏の期待効用は，

$$EU = \sqrt{2,700 \times 1.0} - 1 = (約)50.96$$

となります。

 したがって，ヘッジが実行され，かつ業績連動報酬が提案されると，石田氏は労力を惜しまず頑張って働くほうを選択するでしょう。また，そのときの効用50.96は，固定報酬のときの効用50よりも高いため，石田氏はこの提案を喜んで受け入れます。

Q2 次に，ヘッジを実行したときの株主のキャッシュフローを検討してみましょう（図表14-5）。Ｑ１の結果より石田氏は頑張って働くため，石田氏への期待報酬額は2,700万円となります。また，そのときの三田物産の期待正味キャッシュフローは３億円であるため，株主のキャッシュフローは2億7,300万円（＝３億円－2,700万円）となります。

 Ex.14-2 の結果から，ヘッジを行わず，さらに正味キャッシュフローの10％を石田氏への報酬とした場合の株主の期待正味キャッシュフローは，2億7,000万円でした。したがって，株主の期待正味キャッシュフローは，300万円増加します。

 この差額の300万円は，石田氏の業績連動の割合を10％から9％に減らしたことによるものです。第４節で説明したとおり，もしヘッジを行わずに石田氏への報酬割合を10％から9％に減らしたならば，その効用は49.19になるために石田氏にとってこの提案は受け入れがたいでしょ

図表 14 - 5 ▶▶▶ ヘッジを実行したときの石田氏の報酬と株主のキャッシュフロー

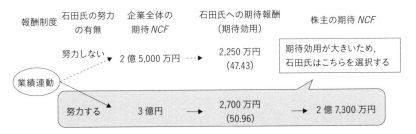

う。ヘッジを行うことで，石田氏は，将来の報酬額が不確実であるというリスクを除去することができたため，リスクへの対価を要求することはなくなり，より低い報酬でも受け入れるようになったのです。

6 ストック・オプションのケース

最後に，これまで議論してきた業績連動報酬の代わりにストック・オプションを導入したとき，どのような効果が見込まれるかを検討してみましょう。

ストック・オプションは，業績連動報酬と並ぶ代表的なインセンティブ報酬であり，第5章で学んだオプションの仕組みを企業の報酬制度に応用したものです。ストック・オプション制度のもとでは，経営陣や従業員に自社株を購入する権利（コール・オプション）が付与され，彼らが株価を高めるように頑張って働くように促す効果が期待されます。

Ex. 14-4 例題

三田物産は業績連動報酬の代わりにストック・オプションの導入を検討しています。この場合，石田氏は基本給(固定報酬)の2,500万円に加えて，ストック・オプションとして石田氏に同社株を4,000円の行使価格で購入する権利が1万株分付与されます。同社の年度末の株価は，正味キャッシュフローの10万分の1となるとしましょう。このとき，以下の問いに答えてください。

Q1 ストック・オプション導入後，石田氏が労力を惜しまず頑張って働くかどうか答えてください。

Q2 Ex.14-3 と同じく，為替リスクをヘッジすることで，三田物産の年度末の正味キャッシュフローをその期待額で固定できるとしましょう。このとき，同社の株主は，このヘッジを容認するでしょうか。

R to A

解答と解説

Q1 石田氏が頑張って働かなかったとき，三田物産の正味キャッシュフローは50%の確率で1億円か4億円になります。三田物産の年度末の株価は，同社の正味キャッシュフローの10万分の1となりますので，

$$\text{三田物産の}NCF\text{が1億円のとき：}\frac{10{,}000万}{10万} = 1{,}000（円）$$

$$\text{三田物産の}NCF\text{が4億円のとき：}\frac{40{,}000万}{10万} = 4{,}000（円）$$

になります。第5章で学んだように，コール・オプションは原資産の現物価格（この場合は三田物産の株価）が権利行使価格を上回ったときにプラスのペイオフが得られる契約です。つまり，このケースでは，株価がどちらに動いたとしても権利行使価格の4,000円を上回ることはありませんので，石田氏はストック・オプションから利益を得ることはできません。

したがって，石田氏が頑張って働かなかったときの報酬額は，基本給（固定報酬）の2,500万円のみとなりますので，石田氏の期待効用は，50 ($=\sqrt{2{,}500 \times 1.0}$) となります。

一方で，石田氏が頑張って働けば，三田物産の正味キャッシュフローは50%の確率で1億5,000万円か4億5,000万円かになります。このときの三田物産の年度末の株価は，

$$NCF\text{が1億5,000万円のとき：}\frac{15{,}000万}{10万} = 1{,}500（円）$$

$$NCF\text{が4億5,000万円のとき：}\frac{45{,}000万}{10万} = 4{,}500（円）$$

になります。

　株価が1,500円のとき，ストック・オプションから利益を得ることはできませんので，石田氏への報酬は基本給の2,500万円のみとなります。他方，株価が4,500円のとき，権利行使することで1株当たり500円（＝4,500−4,000）のペイオフが得られます。石田氏は1万株分の権利行使が可能ですので，このストック・オプションから，500万円（＝500×1万）の報酬を受け取ることになります。これに基本給の2,500万円を加えた3,000万円が，石田氏への報酬となります。したがって，頑張って働いたときの石田氏の期待効用は，

$$EU = (\sqrt{2,500} \times 0.5 + \sqrt{3,000} \times 0.5) - 1 = (約) 51.39$$

となります。

　期待効用を比較すると，努力に対する効用の低下分を考慮したとしても頑張って働いたほうが高くなります。したがって，石田氏は労力を惜しまず頑張って働きます。

　このことから，ストック・オプションを導入することで石田氏は頑張って働くようになり，株主が受け取る期待正味キャッシュフローも2億2,500万円から2億7,250万円に増大することになります（図表14-6）。

図表14-6 ▶▶▶石田氏への報酬と株主のキャッシュフロー

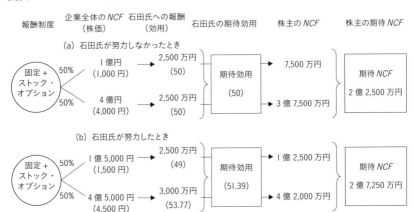

Q2 ヘッジが行われると，三田物産の正味キャッシュフローはその期待額と等しくなりますので，石田氏が頑張って働かなければ同社の正味キャッシュフローは2億5,000万円となり，年度末の株価は2,500円となります。一方で，頑張って働けば同社の正味キャッシュフローは3億円となり，年度末の株価は3,000円となります。

石田氏が頑張って働いても株価が権利行使価格の4,000円を上回ることはありませんので，ストック・オプションから利益を得ることはできません。結果として，ヘッジを実行したときの石田氏への報酬は，頑張って働いても働かなくても基本給の2,500万円のみとなり，労力分効用が1下がるため，石田氏は頑張って働こうとはしません。したがって，為替リスクをヘッジした場合，株主が受け取る期待正味キャッシュフローは，2億2,500万円（= 2億5,000万 − 2,500万）となります（**図表14-7**）。

為替リスクをヘッジしない場合，**Q1**の結果より石田氏は頑張って働きますので，このときの株主が受け取る期待正味キャッシュフローは，2億7,250万円となります。このことから，ヘッジを行ったときのほうが株主の期待正味キャッシュフローが少なくなりますので，株主はこのヘッジを容認すべきではありません。

図表14-7 ▶▶▶ストック・オプションの導入と株主のキャッシュフロー

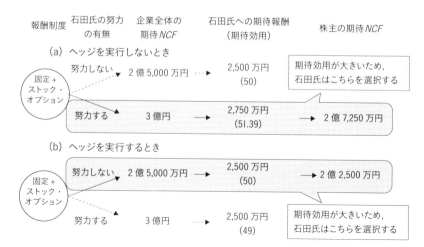

第1章で学んだとおり，リスクファイナンスは保有と移転に分類されます。ストック・オプションは，経営者を保険やヘッジなどの（リスクの）移転ではなく，（リスクの）保有（すなわち，リスクをテイクする方向）に走らせる効果があります。

　なぜ，業績連動報酬とストック・オプションとで，経営者行動に違いが出たのでしょうか。第5章で学んだとおり，オプションは，原資産価格が有利な方向に動いたときにはプラスのペイオフが得られますが，不利な方向に動いた場合は権利行使をしなければよいだけですからマイナスにはなりません。つまり，原資産価格の変動性が高まるほど，オプションの価値は高くなります。したがって，ストック・オプションを付与することで，リスク回避的な経営者にも積極的にリスクテイクを促すことができるようになります。

　一方で，業績連動報酬は，業績が上がれば報酬が上がりますが，業績が下がれば報酬も下がります。こちらはマイナス方向の変動も受け入れなければなりませんので，経営者に対してリスクの移転を促す効果が期待されます。

　株主は，経営者にリスクを回避してほしければ業績連動報酬の割合を増やせばよく，逆に，経営者に積極的にリスクテイクしてほしければストック・オプションの割合を増やせばよいのです。このように報酬制度の設計次第で株主と経営者の利害対立を緩和させつつ，株主は企業のリスクに関する意思決定をコントロールすることが可能となります。

7　報酬制度とリスクマネジメントの意思決定
この章のまとめと発展課題

　債権者と株主の利害対立だけではなく，株主と経営者との関係もエージェンシー問題の1つとして大変重要です。この章では，経営者への報酬制度の設計によって，株主と経営者のエージェンシー問題が緩和することについて理解し，さらにこの状況下でのリスクマネジメントの意義について学びました。

　Ex.14-1 では，固定報酬と業績連動報酬を比較し，もしそれらの期待報

酬額が等しければ、リスク回避的な経営者は固定報酬を好むことについて確認しました。 Ex.14-2 では、経営者が頑張って働くことで企業の期待正味キャッシュフローが増加する状況を想定して再検討しました。このような状況では、業績連動報酬を採用することで、株主の期待正味キャッシュフローを増加させることができます。一方で、業績連動報酬は固定報酬に比べて、経営者に払う報酬の期待額は高くなります。これは、①経営者が業績を高めようと一生懸命努力すること、および②将来の報酬が不確実なこと、への対価が必要になるからです。

そこで、 Ex.14-3 では、リスクマネジメントによって企業の正味キャッシュフローを固定化すれば、業績連動報酬においても経営者は将来の報酬が不確実なことへの対価を要求しなくなるため、結果的に株主の期待正味キャッシュフローも増加することについて理解しました。

最後に、 Ex.14-4 では、業績連動報酬の代わりにストック・オプションを導入した場合でも、エージェンシー問題が緩和されることを確認しました。ただし、オプションは原資産の価格が不確実であるほど価値が高まりますので、ストック・オプションを導入すると、経営者にリスクの移転ではなく保有（したがって、リスクをテイクする方向）の意思決定をさせるインセンティブを高めます。いうまでもなく、リスクの保有もリスクマネジメント手法の1つであるため、報酬制度の違いは企業のリスクマネジメントの意思決定（保有か移転か）に影響を与えます。

今回のケースではリスクマネジメントのために必要な追加的コストがかからないと仮定しましたが、これまでの章でも述べたとおり、リスクマネジメントの実施には通常、付加保険料やデリバティブの手数料といった追加的コストが発生します。したがって、リスクマネジメントが企業価値を高めるかどうかは、インセンティブ報酬の際に経営者が要求する対価と、リスクマネジメントにかかる追加的コストを比較して判断する必要があります。

Training　　　　　　　　　　　　　　　　　　　　解いてみよう

Ex. 14-3 では，為替リスクをヘッジした場合，石田氏は三田物産の正味キャッシュフローの9％を受け取る業績連動報酬の提案を喜んで受け入れることを確認しました。それでは，石田氏が喜んで業績連動報酬を受け入れるためには，報酬割合の引き下げは何％まで可能でしょうか。

Discussion　　　　　　　　　　　　　　　　　　　議論しよう

Ex. 14-3 では，リスクマネジメントのために必要な追加的コストを考慮していませんでした。この追加的コストとして500万円がかかるとすれば，株主は為替リスクのヘッジを容認するでしょうか。

第15章 全社的リスクマネジメント（*ERM*）

> **Learning Points**
> ▶個別型リスクマネジメントと全社的リスクマネジメントを比較検討します。
> ▶複数のリスクを統合管理する効果を確認します。

> **Key Words**
> 全社的リスクマネジメント（*ERM*）　個別型リスクマネジメント

1 全社的リスクマネジメント（*ERM*）の必要性
この章で学ぶこと

　第10章から第14章にかけて，主として企業の利害関係者間での対立を原因とする諸問題を取り上げ，これらを緩和するためのリスクマネジメントの効果を検討してきました。そこでは，各例題におけるリスクの源が，工場火災の有無や為替レートの変動といった単一のリスクによるものでした。したがって，リスクマネジメントにおいても，特定のリスクを意識して企業価値の最大化を試みていました。

　しかしながら現実には，企業はさまざまなリスクに同時に直面しながら事業活動を展開しています。すでに第1章で学習したように，それぞれのリスクに対して異なるマネジメント手法が存在しています。だからといって，リスク1つ1つ独立に対処していってよいのでしょうか。1つの考え方として部門ごとにリスクマネジメントを行うというものがあります。たとえば，為替リスクに対しては財務部門が，賠償責任リスクに対しては法務部門が担当することでしょう。確かに，リスクごとに特性が異なり，専門部署が管理を行うことは理に適っています。

　ただし，部門ごとにリスクマネジメントが完結する体制においては，連鎖

的に損害が生じたり，想定を超える損害が発生したりといった問題に十分に対処できるとはいえません。なぜなら，企業が直面する複数のリスクはしばしば共通の要因に基づいているからです。たとえば，大地震発生の際に，自社工場が甚大な被害を受けることがあるでしょう。同時に，その大地震を原因として，取引先が倒産してしまい代金を回収できないという事態に陥るかもしれません。

こうしたなか，重要なリスクを全社的視点で統合して管理する，いわゆる**全社的リスクマネジメント**（**ERM**）への関心が急速に高まりつつあります。この章の目的は，このERMを実施する効果を理解してもらうことにあります。

2 企業全体のリスク計測

ERMの効果を理解するための準備として，2つのリスクを抱えた企業全体のキャッシュフローに関するいくつかの計算を確認します。この2つのリスクには相関があり，この相関が企業全体のキャッシュフローの分散にどのような影響を及ぼしているかを理解しましょう。

Ex. 15-1　　　　　　　　　　　　　　　　　　　　　　　　　　例題

自動車を製造・輸出しているキムラ自動車は，次年度のキャッシュフローが地震のリスクと為替リスクの2つのリスクにさらされており，それぞれ確率変数XとYで表すことにします。同社のキャッシュフローは$X+Y$で表され，XとYの同時確率分布は**図表15-1**で与えられています。

Xの値は地震発生の有無に依存しており，地震が発生したならば40億円の損失（-40億円），発生しなかったならば損失ゼロを意味しています。Yは為替レートを反映しており，円高の場合は50億円，円安の場合は100億円となります。たとえば，地震が発生し，かつ円高の場合，同社のキャッシュフローは$X+Y=-40+50=10$億円となり（確率0.08），地震が発生せず，かつ円安の場合，同社のキャッシュフローは$X+Y=0+100=100$億円となります（確率0.48）。この

図表 15-1 ▶▶▶ XとYの同時確率分布

X \ Y	円高 Y=50（億円）	円安 Y=100（億円）
地震発生 X=-40（億円）	0.08	0.02
地震発生なし X=0（円）	0.42	0.48

とき，以下の問いに答えてください。

Q1 XとYの周辺確率分布をそれぞれ求めてください。

Q2 XとYの共分散および相関係数を求めてください。

Q3 キムラ自動車全体のキャッシュフローの分散を求めてください。

R to A　　　　　　　　　　　　　　　　　　　　　解答と解説

Q1 Xの周辺確率分布から求めてみましょう。$X=-40$である確率は，**図表15-1**から，0.08+0.02=0.1と求められます。つまり，地震が発生する確率は0.1です。また，$X=0$である確率も同様に，0.42+0.48=0.9と計算できます。

Yについては，**図表15-1**中の確率を縦に足し合わせます。$Y=50$である確率は0.08+0.42=0.5，$Y=100$である確率も0.02+0.48=0.5となります。つまり，円高・円安はそれぞれ0.5の確率で生じます。

よって，それぞれの周辺分布は**図表15-2**のとおりです。

図表 15-2 ▶▶▶ 周辺確率分布

Xの周辺確率分布

X	-40	0
確率	0.1	0.9

Yの周辺確率分布

Y	50	100
確率	0.5	0.5

Q2 第2章で学習した相関係数の定義 $\rho_{XY}=\dfrac{\mathrm{Cov}(X,Y)}{\sqrt{\mathrm{V}(X)}\sqrt{\mathrm{V}(Y)}}$ を思い出しましょう。分子の共分散は，**[性質13]** $\mathrm{Cov}(X,Y)=\mathrm{E}(XY)-\mathrm{E}(X)\mathrm{E}(Y)$ から計算されます。まず $\mathrm{E}(XY)$ は，**図表15-1** から，

$$\mathrm{E}(XY)=(-40)\times 50\times 0.08+(-40)\times 100\times 0.02+0\times 50\times 0.42\\+0\times 100\times 0.48=-240$$

です。次に**Q1**の結果を用いて，X と Y の期待値および分散を求めます。

$$\mathrm{E}(X)=-40\times 0.1+0\times 0.9=-4$$
$$\mathrm{E}(Y)=50\times 0.5+100\times 0.5=75$$
$$\mathrm{V}(X)=(-40-(-4))^2\times 0.1+(0-(-4))^2\times 0.9=144$$
$$\mathrm{V}(Y)=(50-75)^2\times 0.5+(100-75)^2\times 0.5=625$$

よって，$\mathrm{Cov}(X,Y)=-240-(-4)\times 75=60$ と計算されるので，

$$\rho_{XY}=\dfrac{60}{\sqrt{144}\sqrt{625}}=0.2$$

と求められます。

　相関係数の値からわかるように，X と Y には正の相関がみられます。したがって，本問の設定では，地震発生と為替レートの2つのリスクは独立ではありません（独立でないことは，同時確率分布表からもすぐにわかります）。地震災害が為替レートなどのマクロ経済変数に影響を及ぼすことは容易にイメージできることでしょう。

Q3 第2章で学習した和の分散の**[性質11]** $\mathrm{V}(X+Y)=\mathrm{V}(X)+\mathrm{V}(Y)+2\mathrm{Cov}(X,Y)$ を用います。すでに**Q2**で右辺の各項を求めていますので，キムラ自動車全体のキャッシュフローの分散は，

$$\mathrm{V}(X+Y)=144+625+2\times 60=889$$

と求められます。

　上式から明らかなように，会社全体のキャッシュフローの分散889は，各分散の和769（=144+625）よりも大きな値となっており，その差は共分

図表 15-3 ▶▶▶ X+Y の確率分布

$X+Y$	10	60	50	100
確率	0.08	0.02	0.42	0.48

散や相関係数に依存しています。

また,会社全体のキャッシュフローの分散を求めるときに,ここでは和の分散の性質を利用しましたが,**図表15-1**から$X+Y$の分布を求めて,その分散を計算してももちろん同じ値が得られます(**図表15-3**)。

なお,会社全体の期待キャッシュフローは,

$$E(X+Y)=E(X)+E(Y)=75+(-4)=71(億円)$$

です。

3 個別型リスクマネジメント

Ex.15-1 では,いずれのリスクに対しても何らかの対処策を講じているわけではありません。この節では**個別型リスクマネジメント**として,個々のリスクについて分散をある水準に抑える手法の実施を検討します。それぞれの分散を抑えることによって企業全体のキャッシュフローの分散はどのように変化するでしょうか。そして望むようなリスクマネジメントの効果は得られるのでしょうか。

Ex. 15-2　　　　　　　　　　　　　　　　　　　　　　　　　　　　　　例題

キムラ自動車では,地震等にかかる建物のリスクマネジメントに関しては総務部門が,為替のリスクマネジメントに関しては財務部門がそれぞれ個別に対応しています。今,同社の経営陣が,個々のリスクにおけるキャッシュフローの分散を$144(=12^2)$に抑えるとの方針を定め,各部門の責任者にその旨指示を出しました。ここで,リスクマネジメントのために必要な追加的コストはかからないものとします。その他の条件はすべて, Ex.15-1 と同じであるとき,以

下の問いに答えてください。

- **Q1** 各キャッシュフローにおける期待値を変更せずに，同社のリスクマネジメント方針にしたがうと，どのようなヘッジが実行されるでしょうか。

- **Q2** ヘッジ後の会社全体のキャッシュフローの期待値と分散を求めてください。

R to A

解答と解説

- **Q1** 地震発生の有無に依存しているXについては，キャッシュフローの分散がすでに144に抑えられているので，総務部門の担当者は改めてリスクヘッジを行う必要はありません。

 円高・円安を反映しているYの周辺確率分布は**図表15-4**のとおりで，$V(Y)=625$でした。ここで，為替リスクへのヘッジとして，期待キャッシュフロー75億円を保ったままヘッジ比率y($0 \leq y \leq 1$)でヘッジを実行すると，新たなキャッシュフローY'は，

$$Y' = (1-y)(Y-75) + 75 \tag{1}$$

と表すことができます。この式で，$y=0$と置くと$Y'=Y$となり，ヘッジを全く行わないことを意味し，$y=1$と置くと$Y'=75$となり，完全ヘッジを行うことを意味します。

 さて，問題より，経営陣の指示は分散を144に抑えることでした。そこで，$V(Y')=144$を解くと，$y=0.52$が得られます(この計算過程では，分散の**[性質7]**および**[性質8]**を利用します)。つまり，財務部門の担当者は，たとえば，ヘッジ比率0.52のもと(1)式の為替ヘッジを行うと目標を達成することができます。**図表15-5**は，この為替ヘッジ後のY'の分布を示しています。いうまでもなく，$E(Y')=75$，$V(Y')=144$です。

図表15-4 ▶▶▶ **Yの周辺確率分布** (図表15-2再掲)

Y	50	100
確率	0.5	0.5

図表 15-5 ▶▶▶ Y'の周辺確率分布

Y'	63	87
確率	0.5	0.5

Q2 Q1の為替ヘッジを実施した結果，XとY'の同時確率分布，周辺確率分布をまとめると**図表15-6**になります。

図表 15-6 ▶▶▶ 為替ヘッジ後の X と Y' に関する分布

Y' \ X	円高 Y'=63（億円）	円安 Y'=87（億円）	X の周辺確率
地震発生 X=-40（億円）	0.08	0.02	0.1
地震発生なし X=0（円）	0.42	0.48	0.9
Y'の周辺確率	0.5	0.5	（計）1

$E(X+Y')$ および $V(X+Y')$ を計算するための準備は，$\mathrm{Cov}(X,Y')$ を除いて，すでにここまでの問題でも出そろっています。まず期待キャッシュフローは，

$$E(X+Y)=E(X)+E(Y')=(-4)+75=71(億円)$$

となり，**Q1**と同値です。また，**図表15-6**とこれまでの計算から，

$$\begin{aligned}\mathrm{Cov}(X,Y')&=E(XY')-E(X)E(Y')\\&=(-40)\times 63\times 0.08+(-40)\times 87\times 0.02+0+0-(-4)\times 75\\&=28.8\end{aligned}$$

となるので，会社全体のキャッシュフローの分散は，

$$V(X+Y')=V(X)+V(Y')+2\mathrm{Cov}(X,Y')=144+144+2\times 28.8=345.6$$

と求められます。

やはり，個々の分散の和288（=144+144）より $2\mathrm{Cov}(X,Y')$ 分だけ全体の分散が大きくなっています。Ex.15-1 でも同様ですが，このことは

次のように直観的に理解することも可能です。XとYが正の相関をもっているため、同社にとって両方とも都合の良い方向もしくは都合の悪い方向へキャッシュフローが動く傾向にあります。その結果、会社全体のキャッシュフローのバラツキが大きくなるのです。

ここに、リスクごとに管理を行う個別型リスクマネジメントの限界の1つが現れています。個々のキャッシュフローの分散を一定水準に抑えたとしても、正の相関がある限り、会社全体のキャッシュフローの分散は、単純な分散の和の水準には抑えることができません。

4 　全社的リスクマネジメントの実施

Ex.15-2 より、個別型リスクマネジメントによってそれぞれのキャッシュフローの分散をある水準に抑えたとしても、会社全体のキャッシュフローの分散は、個々の分散の和288（=144+144）の水準までには抑えられない場合があることを確認しました。企業価値最大化の観点からは、個々のリスクというよりむしろ企業全体のリスクに着目すべきであるといえます。ここでは、ERMとして、企業全体のリスクをある水準に抑えることを目的とします。例題では、個々の分散の和288を目標水準に設定します。

Ex. 15-3　　　　　　　　　　　　　　　　　　　　　　　　　　　例 題

キムラ自動車は地震リスクと為替リスクのヘッジを通じて、会社全体のキャッシュフローの分散を288以下に抑えることを検討しています。地震リスクに対するリスクマネジメントとして保険購入を予定し、為替リスクに対しては為替先物を通じたヘッジを計画しています。まず保険からは、地震による損失40億円が生じた場合に、付保割合xに応じて保険金が支払われます（$0 \leq x \leq 1$）。また、為替リスクへのヘッジは、もとの期待キャッシュフロー75億円を変更せずにヘッジ比率yの契約を交わします（$0 \leq y \leq 1$）。なお、リスクマネジメントのために必要な追加的コストはかからないものとします。その他の条件はすべて、 Ex.15-1 と同じであるとき、以下の問いに答えてください。

Q1 キムラ自動車のキャッシュフローのパターンを x と y を用いて表してください。

Q2 会社全体のキャッシュフローの分散を288以下に抑えるために満たすべき条件式を求めてください。

R to A

解 答 と 解 説

Q1 キャッシュフローのパターンを求めるに際して、はじめに地震保険について保険料と支払保険金を表してみましょう。キムラ自動車の地震による損失は40億円なので、付保割合 x と合わせて、支払保険金は $40 \times x$ (億円)となります。また、付加保険料は考慮しないとの仮定から、保険料は支払保険金の期待値となります。地震が発生する確率は0.1なので、保険料は $40 \times x \times 0.1 = 4x$ (億円)と求められます。よって、これまでの例題の X を用いると、キャッシュフローは、$-4x+(1-x)X$ と表すことができます。

次に為替ヘッジについて考えてみましょう。これは Ex.15-2 の **Q1** と同様に、Y を用いてキャッシュフローは $(1-y)(Y-75)+75$ と表すことができます。

以上から、同社のキャッシュフローのパターンは**図表15-7**のようになります。

たとえば、地震発生かつ円高の場合のキャッシュフローについて見てみましょう。まず、保険料 $4x$ を支払い、地震発生によって生じる損害40億円のうち付保割合 x がカバーされますので、キャッシュフローは $-4x+(1-x)(-40)$ です。次に、為替リスクをヘッジ(ヘッジ比率 y)したことによって、キャッシュフローは $(1-y)(50-75)+75$ となります。こ

図表15-7 ▶▶▶ キムラ自動車全体のキャッシュフローのパターン

(単位:億円)

	円高	円安
地震発生	$-4x+(1-x)(-40)+(1-y)(50-75)+75$ $=36x-25(1-y)+35$	$-4x+(1-x)(-40)+(1-y)(100-75)+75$ $=36x+25(1-y)+35$
地震発生なし	$-4x+(1-x)0+(1-y)(50-75)+75$ $=-4x-25(1-y)+75$	$-4x+(1-x)0+(1-y)(100-75)+75$ $=-4x+25(1-y)+75$

れらを合わせて，企業全体のキャッシュフローは，$-4x+(1-x)(-40)+(1-y)(50-75)+75$と表されます。

Q2　まずキムラ自動車全体の期待キャッシュフローを求めます。今リスクマネジメントのために必要な追加的コストはかからないので，Ex.15-1 のQ3の結果と同じ71億円となります。図表15-7を用いて，期待キャッシュフローを計算してももちろん同額が得られます（各セルが生じる確率は Ex.15-1 の同時確率分布を参照のこと）。

　目標としている会社全体のキャッシュフローの分散を288以下とすることにより，満たすべき条件式が求まります。

$$(36x-25(1-y)+35-71)^2 \times 0.08$$
$$+ (36x+25(1-y)+35-71)^2 \times 0.02$$
$$+ (-4x-25(1-y)+75-71)^2 \times 0.42$$
$$+ (-4x+25(1-y)+75-71)^2 \times 0.48 \leq 288$$
$$(0 \leq x \leq 1, 0 \leq y \leq 1)$$

　境界に当たる企業全体のキャッシュフローの分散がちょうど288になるような場合を考えてみましょう。この場合，上の不等式を等式として解くことによりヘッジ比率の組(x, y)が求まりますが，その組み合わせは無数に存在しています。余力のある読者は上式を少し変形してみましょう。

$$\frac{1}{2}(x-1)^2 + \frac{625}{288}(y-1)^2 + \frac{5}{12}(x-1)(y-1) = 1$$

　これは楕円を表す方程式です。したがって，(x, y)は楕円上の一部に存在しています。図表15-8はこの(x, y)を図示したものです。

　極端なケースとして，$(x, y) = (0, 0.606)$は上式を満たします。これは，地震に対して保険は全く購入せず，為替に対して比率0.606でヘッジを行うと，会社全体のキャッシュフローの分散が288になることを意味しています。この組み合わせを Ex.15-2 のQ1の解答$(0, 0.52)$と比較してみましょう。為替リスクのヘッジ比率が少し上昇しています。この上昇分は，地震リスクと為替リスクの間の正の相関を反映しています。ま

図表15-8 ▶▶▶ヘッジ比率の組み合わせ

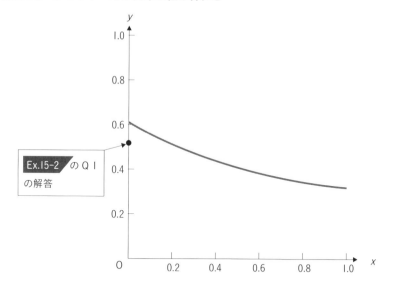

た，$(x, y) = (0.5, 0.411)$ も解の1つです。地震に対して付保割合0.5の保険を購入し，為替リスクのヘッジ比率を0.411とすることによって，全体の分散を288に抑えます。

これらの他にも解はたくさんありますが，一体どのヘッジ比率の組み合わせを選択すればよいのでしょうか。この章では考慮していなかった，付加保険料や為替ヘッジ手数料といったリスクマネジメントのために必要な追加的コストがその選択に影響を及ぼしてくるのです。

5 全社的リスクマネジメントの意思決定
この章のまとめと発展課題

この章では，ERMを実施する意義について数値例を用いて検討してきました。まず Ex.15-1 では，問題設定として，2つのリスクに直面している企業を例に，リスク指標としてのキャッシュフローの分散を計算しました。次に Ex.15-2 では，個々の部門のキャッシュフローの分散をある水準に抑えるために，部門ごとにリスクマネジメントの意思決定を行った場合（個別

型リスクマネジメント）を考察しました。Ex.15-3 では，企業全体のキャッシュフローの分散をある水準以下に抑えることを目的として，全社的な観点からリスクマネジメントの意思決定を行った場合（*ERM*）を検討しました。

　Ex.15-3 の結果，個々のリスクに対するヘッジ比率の候補がたくさん存在していました。R to A でも少し触れましたが，例題では簡単化のために，リスクマネジメントのために必要な追加的コストを考慮しませんでした。したがって，コストなしで企業全体のキャッシュフローの分散をゼロにすることも可能です。しかし実際は，付加保険料や為替ヘッジ手数料を織り込んでリスクマネジメントの手法とヘッジ比率を選択すべきです。もし，付加保険料が為替ヘッジ手数料よりも相対的にコスト安であれば，より付保割合の多い組み合わせが選択されることになるでしょう。よって，Ex.15-3 に各々追加的コストを加味した形でキャッシュフローおよびその分散を表し，なおかつ小さなコストで達成できるようなリスクマネジメント手法を選択することによって，企業価値がより大きく向上します。

　この章では，*ERM*に焦点を当てて，その効果を確認してきましたが，もちろん個々のリスクマネジメントを適切に実施していることが前提です。そのうえで，全社的な枠組みの効力が発揮されるのです。

Discussion　　　　　　　　　　　　　　　　　　　　　　議論しよう

　付加保険料を20％に設定する以外，すべて Ex.15-3 と同じであるとします。このとき，キムラ自動車の*ERM*について議論してみましょう。
（ヒント：キムラ自動車全体のキャッシュフローのパターンを作成し，満たすべき条件を求め，ヘッジ比率の組み合わせをいくつか具体的に求めてみましょう。）

▶▶▶ さらに学びたい人のために

今後の学習のためという視点で，いくつかの文献を紹介しておきます。

▶第Ⅰ部　リスクマネジメントと保険・デリバティブ

　第Ⅰ部では，リスクマネジメントを理解するために必要最小限の「確率，保険，デリバティブ」に関する基礎知識を学習しました。これらについて，もっと詳しく勉強したい人は，以下の参考文献を参照してみてください。特に，保険の制度的・法律的側面については，本書の性格上，大幅に割愛しているため，保険の基礎知識に関する教科書などでしっかりと勉強をしてほしいと思います。保険の基礎知識については，多くの良い教科書がありますが，ここでは，比較的新しい基本書を2冊紹介しています。

(確率の基礎計算)
- 玉置光司 [1992] 『基本確率』牧野書店。
- 森真・藤田岳彦 [2008] 『確率・統計入門—数理ファイナンスへの適用（第2版）』講談社。

(保険の基礎知識)
- 下和田功編著 [2014] 『はじめて学ぶリスクと保険（第4版）』有斐閣。
- 山下友信・竹濱修・洲崎博史・山本哲生 [2015] 『保険法（第3版）』有斐閣。

(デリバティブの基礎知識)
- J. ハル著，三菱UFJモルガン・スタンレー証券市場商品本部訳 [2016] 『フィナンシャルエンジニアリング（第9版）—デリバティブ取引とリスク管理の総体系』きんざい。
- 森平爽一郎 [2007] 『物語（エピソード）で読み解くデリバティブ入門』日本経済新聞出版社。

なお，第4章ではミクロ経済学をベースに，保険についての基礎的な学習をしました。実は，ここで扱ったテーマは，不確実性と情報の経済学と呼ばれるミクロ経済学の重要な領域に属しています。そこで，ミクロ経済学の基礎的な学習をしっかりと行いたいという人には，以下の2冊を紹介しておきます。

（不確実性と情報の経済学（ミクロ経済学））
- 奥野正寛編著［2008］『ミクロ経済学』東京大学出版会。
- 神取道宏［2014］『ミクロ経済学の力』日本評論社。

▶第Ⅱ部　ファイナンス理論とリスクマネジメント

第Ⅱ部では，リスクマネジメントを理解するために必要最小限の「ファイナンス理論」に関する基礎知識を学習しました。これらについて，もっと詳しく勉強したい人は，以下の参考文献を参照してみてください。ファイナンス理論に関する基本書の数は非常に多く，どの本を紹介すべきか悩みましたが，ここでは，本書を執筆するなかで参照した文献を列挙しています。

（入門～初級レベルの内容を網羅的に扱うもの）
- 新井富雄・高橋文郎・芹田敏夫［2016］『コーポレート・ファイナンス―基礎と応用』中央経済社。
- 井上光太郎・高橋大志・池田直史［2020］『ファイナンス（ベーシック＋）』中央経済社。
- 内田交謹［2021］『コーポレートファイナンス―すらすら読めて奥までわかる（第三版）』創成社。
- 榊原茂樹・菊池誠一・新井富雄・太田浩司［2011］『現代の財務管理（新版）』有斐閣。
- 手嶋宣之［2011］『基本から本格的に学ぶ人のためのファイナンス入門―理論のエッセンスを正確に理解する』ダイヤモンド社。
- 森直哉［2016］『図解コーポレートファイナンス（新訂版）』創成社。

(中級レベル または 応用トピックを扱うもの)
- 内田浩史［2016］『金融』有斐閣。
- J-P. ダンシン・J. B. ドナルドソン著，日本証券アナリスト協会編，祝迫得夫監訳［2007］『現代ファイナンス分析 資産価格理論』ときわ総合サービス。
- 花枝英樹［2005］『企業財務入門』白桃書房。

▶第Ⅲ部　企業のリスクマネジメント

　第Ⅲ部は，本書のオリジナル色が最も強いところです。そのため，ここでの論点について，日本語（翻訳書を除く）で詳しく書かれた類書は，現時点でほぼ存在していないと思います。以下では4冊紹介しておきます。

　はじめの2冊は，本書執筆において大いに参考にした翻訳書『保険とリスクマネジメント』および『統合リスクマネジメント』です。本書よりは難易度は高いですが，欧米のビジネススクールなどでは，比較的ポピュラーな基本書として知られていますので，企業のリスクマネジメントの理論的な側面に関心のある人は，ぜひ，挑戦してみてください。

　あとの2冊は，この分野の実務的な側面に関心がある人に適しています。なお，『保険ERM経営の理論と実践』は保険会社，『戦略的リスク管理入門』は事業会社を対象として，全社的リスクマネジメントに関する有益な知識を提供してくれます。

- S. E. ハリントン・G. R. ニーハウス著，米山高生・箸方幹逸監訳［2005］『保険とリスクマネジメント』東洋経済新報社。
- N. A. ドハーティ著，森平爽一郎・米山高生監訳［2012］『統合リスクマネジメント』中央経済社。
- ERM経営研究会著，公益財団法人 損害保険事業総合研究所編［2015］『保険ERM経営の理論と実践』金融財政事情研究会。
- J. ラム著，林康史・茶野努監訳［2016］『戦略的リスク管理入門』勁草書房。

索　引

英数

2項モデル ……………………………… 93
Basis Risk ……………………………… 95
BCP（Business Continuity Plan）……… 16
CAPM（Capital Asset Pricing Model）… 114
CATボンド（Catastrophe Bond）……… 95
CDS（Credit Default Swap）…………… 22
CML（Capital Market Line）…………… 117
COSO（Committee of Sponsoring Organizations of Treadway Commission）………………………… 25
CRO（Chief Risk Officer）……………… 18
DCF（Discounted Cash Flow）………… 143
ERM（Enterprise Risk Management）
　…………………………………… 24, 239
MM命題 ………………………………… 129
MMの修正命題 ………………………… 137
MPT（Modern Portfolio Theory）……… 103
NPV（Net Present Value）……………… 147
SML（Security Market Line）…………… 119
SOX法 …………………………………… 24
SPC（Special Purpose Company）……… 95
VaR（Value at Risk）…………………… 17
WACC（Weighted Average Cost of Capital）………………………………… 156

あ

アンシステマティック・リスク …… 120, 161
インカムゲイン ………………………… 103
インセンティブ報酬 …………………… 220
営業保険料 ……………………………… 48
エージェンシー・コスト ……………… 176
エージェンシー問題 ………… 171, 185, 220
オプション …………………………… 21, 83
　――価格 ……………………………… 84
　――・プレミアム …………………… 84
　――料 ………………………………… 84

か

回避 ……………………………………… 19
価格リスク ……………………………… 15
確実性等価 ……………………………… 72
確率分布 ………………………………… 28
確率変数 ………………………………… 28
加重平均資本コスト …………………… 156
過少投資問題 …………………………… 197
課税構造の非線形性 …………………… 209
課税所得 ………………………………… 208
カタストロフィ・ボンド ……………… 95
株主価値 ………………………………… 101
株主資本 ………………………………… 125, 156
株主資本コスト ………………………… 124
株主の有限責任性 ……………………… 185
貨幣の時間的価値 ……………………… 141
為替リスク …………………………… 15, 163
間接損失 ………………………………… 16
完全市場 ……………………………… 126, 153, 163
企業価値 …………………………… 23, 101, 144
基礎率 …………………………………… 62
期待効用 ………………………………… 67
期待効用仮説 ………………………… 67, 220
期待値 …………………………………… 30
逆選択 …………………………………… 75
キャピタルゲイン ……………………… 103

253

キャプティブ……………………………20, 94
給付反対給付均等の原則……………………50
強制保険……………………………………76
業績連動報酬……………………………221
共分散……………………………………41
金利リスク…………………………………15
クレジット・デフォルト・スワップ………22
クレジット・デリバティブ…………………22
経験料率……………………………………78
現在価値…………………………………142
原資産…………………………………21, 82
原資産価格………………………………235
現代ポートフォリオ理論………………103
現物価格……………………………………82
権利行使価格………………………………83
効用…………………………………………67
効用関数……………………………………67
効用無差別曲線…………………………105
効率的フロンティア……………………112
コール・オプション………………83, 231
固定報酬…………………………………221
個別型リスクマネジメント……………242
コミットメントライン……………………21

さ

サーベインズ=オクスリー法………………24
最小分散フロンティア…………………111
裁定取引……………………………………84
最適ポートフォリオ……………………114
再保険…………………………………62, 94
財務上の困難………………………179, 197
財務リスク………………………………132
先物……………………………………21, 82
先物価格……………………………………83
先渡し……………………………21, 82, 162
先渡し価格…………………………………82
サンクトペテルブルグのパラドックス…66
自家保険……………………………………20

事業継続計画………………………………16
事業リスク………………………………132
シグナリング………………………………76
資産代替問題……………………………187
市場の失敗…………………………………75
市場リスク…………………………………15
システマティック・リスク…………120, 163
資本構成…………………………………125
資本コスト……………………124, 144, 155
資本資産価格モデル……………………114
資本市場線………………………………117
収支相等の原則……………………………50
周辺確率分布………………………………37
受再…………………………………………62
出再…………………………………………62
純粋リスク…………………………………14
純保険料……………………………………49
証券化………………………………………95
証券市場線………………………………119
証拠金………………………………………83
商品価格リスク……………………………15
情報の非対称性……………………73, 170
情報優位者…………………………………73
情報劣位者…………………………………73
正味キャッシュフロー…………………23, 144
正味現在価値……………………………147
将来価値…………………………………142
ショートポジション………………………87
所有と経営の分離………………………219
信用リスク………………………15, 177, 202
スクリーニング……………………………76
ステークホルダー………………………185
ストック・オプション…………………231
正規分布……………………………………56
税便益……………………………………209
接点ポートフォリオ……………………113
全社的リスクマネジメント………24, 239
相関係数……………………………………41
総リスク…………………………120, 161
租税回避地…………………………………20

損害調査 61, 95
損失回避 80
損失低減 18
損失予防 18

た

代替的リスクファイナンス 22, 94
大数の法則 56, 159
タックス・ベネフィット 209
タックスヘイブン 20
中心極限定理 57
超過リターン 119
直接損失 16
デリバティブ 21, 82
天候デリバティブ 94
填補限度額 78
投機的リスク 14
倒産コスト 171
同時確率分布 37
投資決定 125
投資収益率 103
特別目的会社 95
独立 39
トレードオフ理論 138

な

値洗い 83

は

バリュー・アット・リスク 17
反転効果 80
標準偏差 33
プーリングによるリスク分散効果 55, 159
付加保険料 49

複利 142
負債価値 101
負債資本 125, 156
負債資本コスト 124
負債の節税効果 136
負債のレバレッジ効果 131
プット・オプション 83
プリンシパル＝エージェント関係 170
プロスペクト理論 80
フロンティング 94
分散 33
分散投資によるリスク低減効果 109, 159
分離定理 114
ペイアウト政策 125
平均＝分散アプローチ 104
ベーシス・リスク 95
ベータ 132, 161
ペッキングオーダー理論 138, 184
ヘッジ・ポートフォリオ 92
ポートフォリオ 32, 103
　——の期待リターン 108
　——のリターンの標準偏差 109
　——のリターンの分散 109
保険危機 24, 93
保険金 48
保険契約者 48
保険購入戦略 180, 191, 204
保険事故 48
保険者 48
保険デリバティブ 94

ま

マーケット・ポートフォリオ 117, 160
満期 82
無相関 43
無リスク資産 112
無リスク利子率 91, 112, 133, 160
免責金額 78

元受会社 62
モニタリング 78
モラルハザード 77

や

優先債 188

ら

利害関係者 185
利害の不一致 78, 171
離散確率分布 46
リスク・シェアリング 78
リスク・マップ 17
リスク愛好者 70
リスク回避性 64
リスク回避者 70, 103
リスクコントロール 18
リスク資産 112
リスク中立者 70
リスクの――
　移転 21, 235
　大量性 58
　同質性 58
　独立性 58
　認識 16
　保有 20, 235

リスクファイナンス 20
リスクプーリング 52
リスクプレミアム
　証券の―― 118, 160
　理論上の―― 72
リスクヘッジ 81, 84
リスクマネジメントの
　意思決定プロセス 17
リスクマネジメントのために必要な
　追加的コスト 164
リスクマネジャー 18
リターン 103
累進税率 209
劣後債 188
レバレッジ戦略 179, 193
連続確率分布 46
ロングポジション 87

わ

割引キャッシュフロー法 143
割引率 23, 143

▶著者紹介

柳瀬　典由（やなせ のりよし）

慶應義塾大学商学部教授。博士（商学）。
1998年　一橋大学商学部卒業
2003年　一橋大学大学院商学研究科博士後期課程修了
2015年　公益財団法人損害保険事業総合研究所理事（現任）
主著：Organization Structure and Corporate Demand for Reinsurance: The Case of the Japanese Keiretsu, *Journal of Risk and Insurance*, Vol. 84, No. 2, pp. 599-629, 2017（共著）など。

石坂　元一（いしざか もとかず）

中央大学商学部教授。博士（商学）。
1998年　一橋大学商学部卒業
2004年　一橋大学大学院商学研究科博士後期課程修了
主著：An Equilibrium Price Model of Spot and Forward Shipping Freight Markets, *Transportation Research Part E*, Vol. 48, No. 4, pp. 730-742, 2012（共著）など。

山﨑　尚志（やまさき たかし）

神戸大学大学院経営学研究科教授。博士（経営学）。
2000年　神戸大学経営学部卒業
2005年　神戸大学大学院経営学研究科博士課程後期課程修了
主著：Do Typhoons Cause Turbulence in Property-liability Insurers' Stock Prices?, *Geneva Papers on Risk and Insurance - Issues and Practice*, Vol. 41, No. 3, pp. 432-454, 2016 など。

リスクマネジメント

2018年4月10日　第1版第1刷発行
2024年8月5日　第2版第27刷発行

著者　柳　瀬　典　由
　　　石　坂　元　一
　　　山　﨑　尚　志

発行者　山　本　　　継

発行所　㈱中央経済社

発売元　㈱中央経済グループ
　　　　パブリッシング

〒101-0051　東京都千代田区神田神保町1-35
電話　03(3293)3371(編集代表)
　　　03(3293)3381(営業代表)
https://www.chuokeizai.co.jp
印刷／文唱堂印刷㈱
製本／誠製本㈱

©2018
Printed in Japan

＊頁の「欠落」や「順序違い」などがありましたらお取り替えいた
しますので発売元までご送付ください。(送料小社負担)
ISBN978-4-502-25691-2　C3034

JCOPY〈出版者著作権管理機構委託出版物〉本書を無断で複写複製（コピー）することは，
著作権法上の例外を除き，禁じられています。本書をコピーされる場合は事前に出版者著
作権管理機構（JCOPY）の許諾を受けてください。
　JCOPY〈https://www.jcopy.or.jp　eメール：info@jcopy.or.jp〉